« L'humour, c'est la politesse du désespoir. »

Chris Marker,
souvent attribué à Boris Vian

Ce livre n'est pas un témoignage, je n'en ai pas pour l'instant la générosité. Oui, je sais, c'est moche, mais la vie n'a qu'à être moins moche alors je serai plus sympa.

Ce livre est, sera, parce que la survie de Max, mon fils de quatre ans et demi, est entre les mains du hasard.

La médecine vient de jouer remarquablement toutes ses cartes, mais a sorti son joker quant à l'issue de la partie. « C'est David contre Goliath… »

Alors peut-être ces mots posés les uns après les autres pour dire l'indicible, essayer de donner un sens à ce qui ne peut en aucun cas en avoir.

Écrire pour ne pas subir, pour se révolter, crier : « Ce n'était pas ce qui était prévu, mélangez les cartes et redistribuez-les, les miennes sont injouables. » Insulter la terre entière, il faut bien qu'il y ait un coupable et, s'il n'y en a pas, ce sera la faute de tout le monde car il faut bien qu'il y en ait un quand même.

Parce que s'il n'y a pas d'autre raison que l'injustice pour harponner une vie en plein vol, alors que faire de tout ce temps volé, crucifié, de toute cette souffrance infligée comme ça pour rien, parce que c'est lui ? Comment faire avec cette vie à venir, à devenir, à la fois pleine d'espoirs, de promesses, mais aussi de peurs indomptables que le glas ne sonne à nouveau ?

Max, tes yeux brillent de mille destins.

C'est ta réponse, la seule possible.

Stopper la diagonale du fou, suspendre la main du diable pour que tu vives, tout simplement.

J. 4. 26 septembre 2004 : quatre jours après...

Juillet 2002

— Tu ne trouves pas qu'il a un ganglion plus gros que les autres dans le cou ?
— Arrête, tu vas nous porter la poisse !

En fait de poisse, son père va lui sauver la vie.

Tout de même, en parents consciencieux, nous consultons le premier médecin diplômé sur ce lieu de vacances. « Ce n'est rien du tout, tous les enfants ont des ganglions dans le cou, c'est comme ça qu'ils se défendent contre les agressions quotidiennes. »
Exactement ce que nous avions envie d'entendre.

Un mois plus tard, lors d'une grande réunion familiale, tous les enfants gambadent dans l'herbe sauf le mien qui se traîne d'un endroit à l'autre, s'allongeant à même le sol avec Boubou, l'ours Badington, son double. Il est pâle, blanc, et ses lèvres n'ont pas de couleur. Il doit couver quelque chose, attendons que cela se déclare, il a le droit aussi d'avoir un coup de pompe. Et puis tout le monde se moque de nous, parents sur le tard (affreuse, cette expression), qui nous précipitons chez le médecin dès que Max émet un grognement non répertorié. Bref, on consulte « pour un oui, pour un non » sauf que, cette fois-ci, ce sera pour un énorme « oui ».

Les mois passent, la vie reprend, les couleurs réapparaissent, la forme physique revient totalement, masquant ainsi l'invisible invasion.

Cependant son père s'obstine avec ce ganglion qui persiste et prend rendez-vous en octobre avec la pédiatre qui suit Max depuis sa naissance. Même réponse rassurante, mais une prise de sang est enfin prescrite. Résultats : les plaquettes sont un peu basses, rien de grave, mais un nouveau contrôle sanguin dans la semaine est nécessaire. Ça continue de baisser, il ne faut pas vous inquiéter, c'est peut-être une mononucléose.

Ouf ! une monomachin. Ce n'est pas drôle, mais au moins ce n'est pas un can… Le mot est tellement porteur d'effroi que je n'arrive pas à le prononcer. Comment avons-nous pu imaginer deux secondes qu'il pouvait s'agir de cela ?

Et puis cette même pédiatre un matin sur un ton beaucoup plus inquiétant : « J'ai appelé Necker, ils demandent une ponction de la moelle osseuse, pas de place chez eux, vous avez rendez-vous à l'hôpital Trousseau dans deux heures. Je ne vous cache pas qu'il s'agit peut-être de quelque chose de grave. »

Je vais retirer Max de la crèche où je l'ai déposé un quart d'heure avant, j'explique à la directrice ce qu'on va lui faire et la vois blêmir puis se ressaisir. Des larmes me voilent les yeux car c'est trop tard, j'ai lu sur son visage l'espace d'une seconde que l'examen prescrit peut révéler un diagnostic terrifiant.

Je rejoins son père et, à l'insu de notre fils, je vois des larmes couler sur ses joues.

La dernière fois que j'ai vu Gilles pleurer c'était à la naissance de Max, il y a deux ans et demi.

Une ponction plus tard et deux jours d'attente pour les résultats, le professeur L. nous reçoit dans un petit bureau et déclare sans autre forme de procès : « Max a peut-être une leucémie. »

Le mot « peut-être » est aussi difficile à entendre que leucémie. Comment ça « peut-être » ? J'ai mal à la tête ou je n'ai pas mal à la tête, je n'ai pas « peut-être » mal à la tête.

— Max a-t-il pris des médicaments récemment ?

— Oui, des corticoïdes pour soigner une laryngite.

— Alors tout s'explique. Les corticoïdes sont un antileucémique puissant et leur prise récente peut perturber la lisibilité du diagnostic. Attendons trois jours, nous en aurons le cœur net.

Le cœur, j'aurais préféré le garder flou mais entier.

Attendre, a-t-il dit ? Nous avons vu l'arbre

s'abattre sur nos têtes et s'immobiliser à un mètre de nous. Figé. Tombera, ne tombera pas ?

Trois jours à invoquer les dieux (il y a quelqu'un là-haut ?) qui ne pourront pas permettre que l'on frappe un tout-petit. Trois jours à supplier en silence notre bonne étoile pour que nous soit rendue notre petite vie quotidienne, à se rassurer, c'est impossible, pas nous, pas lui.

Trois jours de torture pour tenter de forcer le destin à nous sourire encore.

Samedi 2 novembre 2002

Même bureau, même professeur L. aussi chaleureux qu'un oursin : « Max a bien une leucémie, il faut qu'il commence une chimiothérapie mardi. » Déflagration dans nos têtes, aucun souvenir des minutes qui suivirent sauf d'avoir été ouverte en deux, et puis cette question sur mes lèvres comme une ultime tentative pour nier le verdict :

— Est-ce qu'il va perdre ses cheveux ?

— Oui, certainement.

Alors, non seulement la leucémie peut être mortelle. Mais en plus son crâne chauve sera là pour nous le rappeler sans cesse. On ne pourra pas l'oublier, faire comme si. Il portera son mal inscrit sur son front, appartiendra désormais au petit peuple de têtes lisses au teint cireux qui hantent mes cauchemars.

Gilles bondit hors du bureau du professeur L. et, avec un instinct de père héroïque, oui je maintiens le mot héroïque, fait face à son fils, plaisante en le chatouillant, le rhabille pour partir. Et moi, désertée par quoi que ce soit qui puisse ressembler à de la dignité, je m'effondre dans l'escalier de service et, comme une loque, je me répands sur les marches. Ma mère il y a vingt ans, maintenant mon fils, ai-je été sorcière dans une autre vie ? Qui s'acharne ainsi autour de moi, pourquoi suis-je encerclée, que me veulent ces Indiens ?

Parce que, toujours vissées dans mon esprit cette notion de bien et de mal, cette relation de cause à effet, de sanction, il n'y a pas de fumée sans feu, etc. Où donc y avait-il eu manquement ? Comme si la douleur était un concept négociable : prédestinée elle devenait acceptable, fruit du hasard, intolérable.

C'est trop dur, inhumain, je n'y arriverai jamais, jamais.

Je me rassemble, le cœur en miettes, et rejoins le père et le fils réfugiés dans la cafétéria de l'hôpital. À travers la vitre, je le vois les yeux écarquillés de bonheur devant des œufs Kinder offerts à sa gourmandise. Se trémoussant d'aise à l'idée de la dégustation à venir, il tente la mine coquine d'amadouer son père : « C'est pas beaucoup un alors peut-être deux c'est mieux ? »

Et là, c'est une fulgurance, je réalise que je ne vais pas pouvoir continuer à pleurer, il va falloir faire face tout de suite, immédiatement lorsqu'il va venir vers moi, heureux, son précieux butin entre les mains. Toute insouciance qui le protège me saute aux yeux, et l'on va devoir à tout prix la sauvegarder.

C'est une évidence terriblement douloureuse par tout ce qu'elle suppose de dualités intérieures, d'abnégation à venir.

J'ignore à cet instant-là que c'est de cette priorité absolue donnée à l'enfant que viendront toutes nos forces, absolument toutes.

Supplice du retour en taxi vers la maison, béance sous nos pieds, c'était comment, avant ? Sieste pour Max, répit fragile pour hurler en silence dans les bras de Gilles.

Et puis les amis proches convoqués en urgence ; au secours famille sinistrée, il faut venir, vite.

La famille justement. L'annonce faite à la famille. Comment leur dire ? Comment leur faire le moins de mal possible sachant que le mot « leucémie » va pulvériser à jamais leur tranquillité ? À mon père, je le dis simplement, aucun emballage ne saurait suffire à amortir la bombe. Heureusement, il est entouré d'une grande partie de la famille réunie pour les vacances de la Toussaint. Ils veulent me parler, parler de quoi, je ne peux pas, j'ai trop mal, plus tard peut-être, je raccroche.

Olivier arrive, mon complice et ami proche depuis des années. Il a une très belle relation avec Max depuis sa naissance. Il tait sa douleur et s'occupe de son filleul de cœur comme si de rien n'était.

Il nous offre un petit moment d'apaisement, lointaine réminiscence de ce qu'était notre quotidien. Et quand les larmes remontent, incontrôlables, direction le palier en attendant que nos visages redeviennent présentables, des visages de parents.

Je sens obscurément que, dans les heures à venir, il nous faudra de l'agitation, du monde, du bruit autour de nous pour museler le malheur, l'obliger à se tapir dans son coin. J'appréhende terriblement l'instant où l'on va se retrouver tous les trois, submergés à nouveau par cette lame de fond.

À son tour Véro arrive, ravagée dans son amour profond et passionné pour mon fils. Ne montrant rien non plus, elle se lance dans des parties de cache-cache effrénées avec Max, lequel, nonobstant toute idée de logique, lui hurle depuis sa cachette un tonitruant : « Je suis là. »

Les enfants ont leurs royaumes où ils se constellent sans cesse, faisant de leur vie une perpétuelle promesse.

Toujours le samedi 2 novembre 2002

Et vint l'histoire du lit. Ubuesque, surréaliste par son incongruité.

Le hasard, encore lui, avait fait que quelque temps auparavant, nous avions décidé d'abandonner le petit lit à barreaux pour un lit de « grand ». Et comme la vie peut parfois se montrer taquine, c'est ce samedi matin-là qu'eut lieu la livraison en notre absence, grâce à une amie pourvue d'un double des clés.

Et moi, ne doutant de rien, pourquoi aurais-je douté d'ailleurs, je lui avais choisi un lit de « très grand » me disant qu'ainsi il lui durerait plus longtemps.

« Longtemps », ça veut dire quoi maintenant ?

Nous voici donc tous agglutinés devant ce lit livré en kit bien sûr, sa grande taille excluant tout montage préalable. (Je ne me remercierai jamais assez…) Son encombrement est tel qu'une seule solution s'impose : son installation immédiate.

Le petit lit à barreaux fut donc démonté et avec lui les années d'insouciance, si légitimes tant qu'une menace ne vient pas en souligner la vulnérabilité.

S'ensuivirent quelques insultes bien senties à l'égard de la notice, des fous rires au bord des larmes quant au choix de sa position définitive, debout, adossé au mur, il prendrait moins de place et, avec ses deux ans et demi, notre fils tiendrait dans la largeur ; ça permettra de faire des étagères au-dessus. Le tout orchestré par un Max hilare, conscient que ce jour était à marquer d'une pierre blanche.

Blanche ?

Enfin arrivèrent Anne et Luc, amis attendus avec impatience, car lui est médecin, il saura nous aider à statuer sur cet état de guerre déclarée.

Renseignements pris, l'hôpital Trousseau et le professeur L. semblent être les grands spécialistes de la leucémie.

Mais j'ose :

— Je ne veux pas de ce professeur pour soigner mon fils, je le trouve glacial et son hôpital sinistre.

Tollé général.

— Les médecins n'ont pas à te taper dans le dos, et l'hôpital n'est pas par définition un lieu de franche rigolade.

Moi, pugnace, têtue, injuste certainement :

— Oui, mais quand même, j'ai besoin d'un minimum d'humanité, d'un médecin qui s'investisse en première ligne pour se battre avec nous.

Cela doit exister ?

Et puis, nous serons au bout du monde, qui viendra nous voir ?

Déjà la prescience qu'il faudra être au cœur de la vie, même si celle-ci veut nous bouter hors de ses frontières, au cœur géographique et social de la vie, afin que le parcours médical, si douloureux soit-il, côtoie la normalité, la légèreté extérieure, le monde des gens qui vont bien. Surtout pas un ghetto de leucémiques où l'on ne pourra s'empêcher de se heurter aux reflets démultipliés de cette maladie.

Oui, je veux Necker, « l'hôpital des enfants malades », où toutes les pathologies confrontées restitueront néanmoins le monde de l'enfance.

Mine dubitative de mes proches devant tant d'exigences déraisonnables parce que instinctives. Finalement, Luc, mon ami médecin, reconnaît qu'un protocole (je pensais que c'était un mot pour désigner un acte de paix, non une entrée en guerre) sera appliqué de la même façon quel que soit l'hôpital. J'obtiens à l'arraché une promesse d'un rendez-vous avec un professeur de Necker pour lundi matin.

Fin de cette journée. Déjà ?

Dimanche 3 novembre 2002

Cruauté sans nom de ce dernier jour d'avant, jour de trop qui souligne heure après heure ce qui ne sera plus. Calvaire de la pensée à imaginer l'inimaginable, vite que les hostilités commencent pour qu'un jour elles finissent.

Gilles revient du square où il a amené Max faire du toboggan. Anéanti. Il a l'air si bien et pourtant il va si mal. Demain, tout va basculer, et sa jolie frimousse joyeuse et confiante nous torture.

Soudain ce cri, mon cri : pourquoi le mien et pas ceux de la voisine qui sont moches et qui couinent toute la journée ? Ce n'est pas l'aspect de ma personnalité qui me met le plus en valeur et, pourtant, j'ai pensé cela.

Élisabeth sa marraine, ma cousine et amie, arrive le soir. Douleur reformulée, soutien et réconfort, apaisement furtif. Comment a-t-elle fait pour se rendre disponible du jour au lendemain ?

Faut-il une épreuve pour être plus généreux ?

Lundi 4 novembre 2002

Porte 19 de l'hôpital Necker,
service d'immunologie

Le professeur B. nous reçoit après avoir salué Max d'un grand sourire.

Il confirme le diagnostic, mais son approche à notre égard est différente.

— Max a 97 % de la moelle osseuse atteinte. Dans cet état, il ne lui reste que six mois à vivre. Cela peut se soigner, son traitement dépendra de son type de leucémie. Il faudra se battre, il y aura peut-être des mauvaises nouvelles, peut-être aussi des bonnes. Il doit être hospitalisé au plus vite, il faut y croire et mettre toutes les chances de notre côté en commençant sa chimiothérapie au plus tôt. Malheureusement, je ne peux pas vous prendre dans mon service, je n'ai pas de lit disponible.

Qu'importe, ce médecin nous a permis de relever la tête et de reprendre courage. À la fin de l'entretien, je lui dis, émue, comme j'aurais aimé lui confier la vie de mon fils.

Nous sortons de son bureau, Max nous rejoint radieux et lui chante spontanément « Une chanson douce ».

Et là, nous ne saurons jamais pourquoi, il nous dit de l'attendre, s'enferme dans son bureau, en ressort dix minutes plus tard, tout est arrangé, il a réussi à récupérer une chambre, notre fils est attendu à 17 heures cet après-midi.

Soulagement d'être entre les mains de ce professeur-là. Jusqu'au jour où j'écris ces lignes, nous n'avons jamais regretté ce choix impulsif, jamais.

J'ai une confiance absolue en le professeur B. qui a toujours été d'une honnêteté et d'une disponibilité sans faille envers nous. Les parents n'ont que leur subjectivité, leurs émotions pour appréhender autrui lorsque la vie de leur enfant est en jeu. À diplôme égal, c'est l'homme, l'humaniste, que l'on cherche au-delà du médecin.

Retour à la maison où il faut faire la valise de Max. Celui-ci est excité pensant que l'on part en vacances.

Oh ! mon amour, c'est une descente aux enfers qui s'annonce. Comment te le dire ? Que peux-tu comprendre, que dois-tu comprendre, pour que ton insouciance soit épargnée ?

Gilles lui explique que son « petit sang » est malade et qu'il faut aller un peu à l'hôpital pour le soigner.

— D'accord, lui répond Max, mais est-ce que je peux emmener des voitures pour jouer ?

Ce sera sa seule négociation, suivie d'une acceptation spontanée de cet état de fait. Miracle de ses deux ans et demi, de son ignorance préservée.

Arrivée au premier étage, un long couloir, et, au bout à droite, la chambre de

Max. Je baisse les yeux pour ne pas voir les autres enfants, rase les murs, vacille, soutenue par une infirmière qui me demande gentiment :

— Vous êtes la grand-mère ?

— Non. La mère.

— Ah ! (Aïe !)

Ça commence bien.

Du fond du couloir, j'entends : « Elle est superbe ma chambre ! »

Plus le temps de s'apitoyer, le ton est donné.

Pour Max, c'est simplement une nouvelle aventure qui commence, dont il ne cerne pas l'aspect dramatique. Du haut de ses deux ans et demi, cela prend la forme d'un jeu où tout est découverte, exploration, je pense au film de Roberto Benigni : *La vie est belle.*

Son père et moi nous engouffrons avec un soulagement momentané dans cette brèche inattendue.

Notre fils vient de nous donner le mode d'emploi : tenter d'être heureux comme lui, à chaque instant.

S'extasier sans retenue devant les volets électroniques, feindre l'évanouissement devant le téléviseur pivotant à magnétoscope incorporé (en même temps, je n'avais pas non plus imaginé un vieux poste à galène), tomber béate d'admiration devant ce lit pourvu d'une télécommande pour monter, descendre, se plier, se déplier jusqu'à ce que panne s'ensuive, hurler de surprise en tirant sur les poignées d'une commode d'où s'éjecte un lit pliant pour les parents, écrasant sans sommation mon pied droit, me rapprochant ainsi et sans conteste de la race des palmipèdes.

Tout cela peut paraître excessif et pourtant il n'en est rien, la suite prouvera que nous nous découvrirons des trésors d'imagination bêtisière pour faire rire notre fils.

Nous ne ferons pas acte de courage, car c'est sa bonne humeur et son aptitude à se réjouir de tout qui nous guideront. Nous nous promettons d'être à la hauteur de sa confiance innée en l'existence, et nous n'y dérogerons jamais. Jamais devant lui.

En attendant, à nous qui sommes des « grands » on nous donne les vraies règles du « jeu ».

La chef de clinique, le docteur M., sera le médecin référent, celui qui suivra mon fils tout au long de son hospitalisation.

Premier rendez-vous avec elle, explication de la maladie et de son traitement.

— Max est atteint d'une leucémie, prolifération de cellules cancéreuses de la moelle osseuse et du sang qui se développe à partir d'un type de globules blancs appelés lymphocytes.

— Est-ce héréditaire ?

— Non, ce n'est pas génétique sinon il l'aurait développée dès sa naissance.

Petit soulagement à l'idée que ce n'est ni moi ni son père qui lui infligeons pareille punition.

— Pourquoi a-t-il cela ?

Pour moi, naïvement, les leucémies étaient dues aux irradiations consécutives à l'accident de Tchernobyl. Or il n'était même pas né.

Toujours cette idée que, s'il y avait une explication rationnelle, nous souffririons moins.

— En ce qui le concerne, nous ignorons les causes qui déclenchent cette mutation de ces cellules. Il s'agit probablement de plusieurs facteurs réunis au même moment, si nous les connaissions, nous saurions éviter ou prévenir cette maladie. Il y a quatre cents cas de leucémie par an chez les enfants et aucun dénominateur commun n'apparaît de façon précise.

Me voilà bien avancée avec mes questions, et pourtant des questions, je n'aurai de cesse d'en poser pour me rassurer, pour trouver une branche à laquelle me raccrocher.

— Max va donc suivre un protocole, terme utilisé pour définir un schéma thérapeutique élaboré à partir des meilleurs traitements connus. Son protocole sera choisi en fonction du type exact de sa leucémie. En attendant le bilan des premiers examens, nous allons lui poser un cathéter central dès demain. Le cathéter étant un tuyau souple et fin introduit dans une veine profonde pour injecter de façon prolongée les médicaments, sans douleur répétée pour l'enfant par des piqûres multiples dans les veines. (Je vais mettre un mois avant d'oser regarder ce tuyau qui sort du torse de mon fils.) Mais pour l'instant, nous n'en sommes pas là.

— Est-ce que cela va lui faire mal ?

— Non, ce sera sous anesthésie générale et nous en profiterons pour faire une ponction dans le liquide céphalo-rachidien.

J'ai le cœur au bord des lèvres, il faut que cela s'arrête, là, maintenant. Que vont-ils faire à mon enfant ?

Mais le docteur M. n'a pas fini. Pourtant elle s'exprime avec des mots justes et beaucoup de délicatesse.

— Nous commencerons la chimiothérapie dès demain sous forme d'une cure intensive de corticoïdes pendant dix jours.

— Des corticoïdes, m'écriai-je aussi enthousiaste que si elle avait évoqué des Smarties.

Cela fait partie de la chimiothérapie ? Alors ça va, j'en ai déjà pris, cela excite, fait gonfler le visage mais c'est tout. Youpi !

Pas très « youpi » à l'arrivée les corticoïdes,

mais la familiarité du terme me réconforte et dédiabolise le mot « chimio » si porteur d'effroi. Je me souviens de ma mère rendant l'âme des heures durant en sortant de ces séances, implorant ciel et terre pour que cessent ses nausées.

J'apprendrai par la suite que les corticoïdes font fondre la masse musculaire, obligeant ainsi un petit garçon de deux ans et demi à ramper pour se déplacer lors de ses permissions à la maison.

Et pour lui, ce sera le pire des maux.

Fin de cette première mise au point. Nous nous retrouvons chancelants, hébétés, dans le couloir.

Où trouver la force de vivre tout cela ? Il faut prendre sur soi, me dit-on doctement. Mais où ?

Cette avalanche soudaine de mots barbares : ponction, intratécale, cathéter, protocole J. 1, J. 8… Une stratégie guerrière est mise en place contre un ennemi invisible, potentiellement mortel.

Pour nous, parents, l'ennemi immédiat et concret s'apparente plus aux gestes invasifs qui vont faire souffrir notre enfant qu'à cette maladie, pour l'instant indolore et silencieuse. Paradoxe difficilement admissible de ces traitements qui, pour guérir, doivent tout détruire sans discernement.

Viendra un temps où j'accepterai cela avec moins de réticence, voire en m'estimant heureuse que ça existe, mais, aujourd'hui, j'ai l'impression de conduire mon fils à l'échafaud. Certes, il est plus facile d'admettre le bien-fondé d'un traitement face à un médecin dans son bureau que de voir son enfant se dégrader physiquement et moralement.

De toute façon, nous n'avons aucun choix, aucune alternative, au cas où cela nous aurait échappé.

Mardi 5 novembre 2002

Pose du cathéter central

Nous tenons chacun une main de Max, allongé sur son brancard jusqu'à ce que les portes du bloc opératoire le happent.

J'entends tes pleurs qui nous réclament, ta détresse d'être seul dans ce lieu inquiétant.

Je ne savais pas que l'on pouvait souffrir autant dans sa chair. Quiconque te touche contre ton gré me torture. Toi que j'ai toujours appelé « mon petit cœur », ce n'est qu'euphémisme de dire que tu bats en moi. Tu cognes, tu vibres, tu me redonnes la vie, la vraie, toi à qui je l'ai donnée.

On nous appelle en salle de réveil : intimidés nous te cherchons des yeux, parmi ces petits lits, tu dors encore, nous sommes là, ça va aller maintenant.

Commence alors la lente, très lente ascension du protocole, ce long chemin de croix – en existe-t-il de court ? – où chaque étape à franchir implique un dépassement de soi, inimaginable il y a encore quelques semaines.

On nous donne un document sur lequel le schéma général du protocole est décrit. Tous les enfants débutent par une phase commune qui se divisera par la suite en trois axes différents selon les résultats obtenus, et les particularités révélées par des examens complémentaires.

La première phase est dite « d'induction ». C'est la plus dure, car elle a pour but l'obtention de la rémission complète, donc la destruction de toutes les cellules leucémiques, et malheureusement de toutes les autres au passage.

Nous allons débuter par dix jours de corticoïdes à haute dose, à l'impact aussi puissant que pervers. Puissant parce que cette cure suffira miraculeusement à détruire toutes les mauvaises cellules de Max, et pervers par le comportement euphorique qu'elle engendre : redoublement d'appétit, surexcitation, bonne humeur et pleine forme apparentes, qui laissent croire perfidement que cela sera plus facile à vivre qu'on ne le pensait. Non.

Les effets néfastes des corticoïdes apparaîtront un mois après, gonflant ton visage jusqu'à la déformation, te transformant jour après jour, mon pauvre amour, en petit pantin désarticulé.

Pour l'heure, nous tentons de prendre nos marques, d'apprivoiser cet hôpital, temple de la douleur et de la détresse de l'enfance.

On te soumet quotidiennement à une batterie de soins auxquels tu te plies plutôt facilement. Ton acceptation me bouleverse, car ta candeur semble te laisser croire qu'il en est de même pour tous les autres enfants, que c'est un passage obligé dans ta jeune vie, empêchant ainsi toute idée de révolte de germer dans ton esprit.

Comme tu m'aides ainsi faisant, mon Maxou, tu déroules sous mes pieds un tapis de plumes sur ce chemin d'épines.

Puisses-tu ignorer longtemps que le sort t'a épinglé, toi parmi des milliers, que c'est la seule vulgarité du hasard qui t'exile du monde de l'enfance.

Ta surprenante faculté d'adaptation nous permet, à ton père et à moi, de reprendre notre souffle et de focaliser toute notre énergie sur ce qui peut te faire sourire, et non sur ce qui peut nous faire pleurer.

La décision inconsciente que nous venons de prendre sera fondamentale, primordiale pour ton chemin vers une guérison possible, j'en suis intimement convaincue.

Le 15 novembre

Un soir, en franchissant le sas automatique de ta « prison de verre », sas permettant de t'isoler des microbes provenant de l'extérieur, je tombe sur un enfant de sept ou huit ans qui essaye péniblement de marcher dans le couloir. Sa démarche est celle d'un vieillard, ses membres sont tordus, sa tête à moitié déplumée est déformée, ses traits sont bouffis par les corticoïdes. Insupportable vision d'une enfance disloquée. Le docteur M. débouche de son bureau au même instant. Je l'interroge avec l'agressivité de ceux qui souffrent et qui pensent qu'ils sont les seuls :

— Max ne va pas lui ressembler quand même ?

Colère et impatience dans ses yeux. Colère pour ma question si brutale, impatience parce qu'il va falloir y répondre. Me dire la vérité, c'est me décourager avant l'heure, elle le sait, mentir, elle ne le peut.

Ses yeux m'en veulent de l'acculer dans cette zone franche où aucune réponse n'a été consignée par la médecine. « Ne pas nuire », dit le serment d'Hippocrate, c'est ce qu'elle va essayer de faire.

— Ce n'est pas la même maladie.

Bien tenté docteur, mais cela ne me suffit pas.

— Oui, mais quand même, il ne va pas ressembler à ça ?

« Ça », c'est toute la déchéance physique et morale que je refuse en bloc pour le petit être qui éclaire ma vie depuis sa naissance. Le « ça », dans ma bouche, ne s'apparente pas au mépris, mais à la peur. Tenir l'innommable à distance par des mots durs pour qu'il ne m'atteigne pas, ne nous atteigne pas.

— Un peu, mais ne pensez pas à cela.

Je ne penserai évidemment qu'à cela et

Max, six semaines plus tard, sera la copie conforme de cet enfant entraperçu.

Ce que j'ignore à ce moment-là, c'est que ta vivacité d'esprit et ta joie n'auront rien à voir avec la longueur de tes cheveux et avec ton aisance à te mouvoir. Rien, strictement rien.

Théâtre Tristan-Bernard, novembre 2002

Je travaille dans le monde du spectacle, où mon métier consiste à habiller la scène et les acteurs avec de la lumière. Futilité de cette profession, de mon univers, où tout est « pour de faux », alors que le « pour de vrai » vient de me percuter de plein fouet sans qu'il y ait possibilité de dire : « Pouce, je ne joue plus. »

Nicolas, mon ami et metteur en scène, me libère, si je le souhaite, immédiatement de mes obligations envers lui, c'est-à-dire une nouvelle pièce qui commence dans dix jours. Il me donnera néanmoins un précieux conseil :

— Si j'étais toi (heureusement pour toi, tu as de la chance de ne pas être moi), je ferais cette pièce, cela t'octroiera des petites soupapes de respiration, des espaces pour échapper à la réalité.

— Oui, peut-être, je ne sais pas, je ne sais plus.

J'écoute Nicolas, me retrouve au théâtre Tristan-Bernard et m'écroule dans ses bras. Et puis, il faut y aller. Romain Gary écrivait dans *L'Angoisse du roi Salomon* : « La pire des choses qui puisse arriver à un malheur c'est son manque d'importance. » Tous les gens qui m'entourent affectueusement compatissent à ma douleur un temps, mais ce n'est pas la leur. Je me sens seule à hurler et voudrais tellement leur ressembler dans leur « banalité ».

Je m'assieds au milieu de la salle et, les yeux noyés de larmes, tente de comprendre ce que je vois. Que fais-je ici à essayer de savoir si je vais mettre du bleu ou de l'ambre, alors que mon petit garçon, atteint d'un cancer, est ligoté à sa perfusion et que le pire est à venir ?

Pourtant, j'ai l'intuition douloureuse que si je veux accéder à un semblant d'équilibre dans ce chaos, cela peut être par le travail, la concentration, en puisant dans mon expérience pour retrouver les automatismes nécessaires à la création de ces lumières.

Petit à petit, je m'immergerai quelques heures par jour dans mon travail, souriant même parfois, et force est d'admettre que Nicolas avait raison. Ces moments volés au malheur vont me donner une énergie supplémentaire pour affronter l'hôpital. Je craignais d'y laisser mes dernières forces, au contraire, ce travail qui me passionne les renouvellera.

Être à nouveau dans la vie, vite, très vite, pour te transmettre de bonnes ondes mon petit ange, parce que la vie continue, la tienne autant que celle des autres.

À ce moment encore, l'instinct me souffle qu'il ne doit pas y avoir de lignes de démarcation prédéfinie entre ceux qui sont malades et ceux qui ne le sont pas. Ce sont deux mondes inextricablement liés, entremêlés, et c'est aux moins bien portants de décider de ce qu'ils ont ou non la force de faire. Ce n'est pas à nous, bien portants en sursis, de supposer à leur place, en revanche c'est notre devoir de les solliciter en permanence pour leur faire oublier qu'ils ont été assignés à « résidence cancéreuse » pour un certain temps.

En ce qui concerne Max, je constaterai que lorsque l'on partira travailler son père ou moi, loin de se sentir abandonné, il sera rassuré par cette normalité affichée.

Début décembre

Les premiers résultats arrivent. Chaque fois que nous avons rendez-vous dans le bureau du docteur M., nous nous asseyons en tremblant la boîte de Kleenex à portée de main.

Au vu des premiers examens, que des bonnes nouvelles. Max est déjà en rémission sans même avoir commencé la chimiothérapie. Il n'a pas d'atteinte dans le liquide céphalorachidien, liquide qui entoure la moelle épinière et le cerveau. De plus il n'y a pas de trace de maladie résiduelle. (Je ne sais pas encore ce que cela veut dire, mais la doctoresse a l'air contente, alors moi aussi, il n'y a pas de raison.)

Il a donc une leucémie lymphoblastique

aiguë de type B, la plus standard avec un excellent pronostic de guérison.

Ces résultats me remplissent évidemment de bonheur, et étrangement ne me surprennent pas. Comme s'il devait y avoir une limite dans l'horreur, celle-ci ayant été largement atteinte, nous allons avoir maintenant la décence de faire partie de nouveau des bons élèves après ce gros « bonnet d'âne ».

Est-ce une mauvaise appréhension de la réalité, un refus catégorique de la possibilité de l'inéluctable, un sentiment irrationnel de l'invincibilité de Max ? Peu importe.

Ces premiers résultats nous annoncent que nous avons beaucoup, beaucoup de chance, même si c'est un mot que je renâcle à écrire dans ce contexte.

Et puis, le jour tant redouté de la première chimiothérapie arrive. Les infirmières se préparent avec gants et masques, manipulent les médicaments derrière une vitre, ce qui laisse entrevoir la toxicité des perfusions à venir. Une infirmière nous annonce qu'elle ne pourra plus s'occuper de Max, étant enceinte, elle ne peut lui administrer sa chimiothérapie. Quel poison allons-nous inoculer à mon fils pour que tant de précautions, de distances, soient prises à son égard ?

Ça y est, c'est en place, le goutte-à-goutte prêt à démarrer. Tu ressembles à Robocop, mon amour, des électrodes répartis sur tout ton corps, ton index dans un petit gant dont le bout s'allume en rouge.

Tu es assis dans ton fauteuil et sembles te concentrer sur ton dessin animé. Et pourtant, Max, je te sens ailleurs, absent, comme si tu pressentais inconsciemment la gravité de ce remue-ménage autour de toi.

Ce sera une des rares fois où j'aurai la sensation de ne pouvoir t'atteindre, te protéger. J'ai mal des limites de mon amour à cet instant-là.

Je fuis, je ne peux regarder cette chimie hautement toxique détruire l'organisme de mon fils même si cela peut le sauver. Je sors lâchement de la chambre, te laissant avec ta grand-mère paternelle, qui sera tout au long de ton traitement d'une présence, d'un dévouement à toute épreuve.

Oh ! ma mère, quelle souffrance a-t-elle gravée dans ma mémoire ?

Elle est partie, arrachée aux siens à l'âge de quarante-six ans, dévastée par ce qui débuta par un cancer de l'utérus et devint un cancer généralisé. Elle s'est battue, s'est révoltée : « Pourquoi moi ? Pourquoi déjà ? » Elle avait du courage et beaucoup d'humour. Elle a souffert de sa fin pressentie, de cette dégradation qu'elle sentait irréversible. Elle nous a aussi épargné ses peurs, ou peut-être, n'ayant que vingt ans, ne les ai-je pas perçues.

Les traitements de chimio de l'époque n'étaient pas aussi gradués dans leur nocivité, et chaque cure était un cauchemar où la mort pouvait presque faire figure de délivrance. De cela, je me souviens, et j'en ai la terreur pour toi, mon petit garçon.

Un matin où je l'avais amené au cimetière voir sa tombe, il m'avait demandé de quoi « elle était mourue ta petite maman ».

— De vieillesse, elle était très vieille, avais-je menti.

Pourrai-je un jour lui avouer qu'elle est morte de la maladie dont il est maintenant atteint ?

Ensuite il avait demandé :

— Je peux soulever la pierre pour voir si elle va bien ?

— Non, mon cœur, elle dort, il ne faut pas la déranger.

— Bon, c'est pas grave, on reviendra demain quand elle aura pris son café...

L'au-delà et l'ici-bas restent quelque peu confus dans son esprit...

En attendant, je me suis réfugiée dans la cafétéria de l'hôpital avec un ami qui tente de me réconforter. Pourtant, une heure après, n'y tenant plus, je remonte dans ta chambre et, oh ! surprise, je te trouve la mine guillerette dévorant des biscuits et gloussant devant ton film.

L'évidence s'impose immédiatement.

Ma mère a vécu son histoire, Max vivra la sienne, elles ne seront pas semblables, il faut que je cesse de les amalgamer pour la pérennité de tous et pour que le souvenir de l'une ne fragilise pas le présent de l'autre.

« Elle est où déjà ma grand-mère qui est morte ? — Dans le ciel. — Avec les étoiles ? C'est pas possible, elle va tomber ! »

Nous découvrons au fil des semaines les bienfaits du Rire Médecin. Ce sont des clowns aux noms aussi rocambolesques que Docteur Chou-fleur, Baden-Baden, Madame Girafe, et autres douces excentricités.

Lorsque j'étais de l'autre côté de la barrière, les gens auxquels cela n'arrive pas, je voyais des reportages sur ces clowns qui faisaient rire les enfants malades, je trouvais cela une bonne idée, sympa quoi. Aujourd'hui je sais que c'est indispensable, aussi essentiel au moral des enfants que la chimio l'est à leur corps.

Ils viennent le mardi et le jeudi dans le secteur des « moyens ». Ils ne passent qu'un quart d'heure dans chaque chambre, mais leur présence dans les couloirs accélère avec bonheur le rythme de ces deux journées.

On les entend de loin, leurs rires et leurs accordéons résonnent, ils sont la vie retrouvée dans ces lieux habités par le silence nécessaire au repos des petits patients.

Leur statut de bouffon au sens noble du terme leur confère une certaine impunité, pourtant j'ai rarement vu gens si respectueux. Il n'empêche, ils se moquent de la coiffure du grand professeur, m'obligent à chanter (ils s'abstiendront par la suite !), faisant participer les parents avec sensibilité et intelligence. Je leur dois mon premier fou rire depuis l'annonce de la maladie. Ils savent les douleurs et composent avec humour en fonction des humeurs et de la fatigue.

Combien de fois ai-je dû aller les chercher au bout du couloir, Max n'y tenant plus d'impatience, ses petits poings tendus d'excitation sous son menton. Et puis aussi quelques rares fois, où il est trop fatigué, où il dort, je leur fais signe à travers la porte, ils repartent sur la pointe des pieds.

L'élégance du cœur, c'est ainsi que j'ai envie de les définir.

Merci. Merci mille fois.

Les semaines passent lentement, si lentement. Les médicaments accomplissent leur mission souterraine et ton corps commence à en afficher les stigmates. Pour nous qui sommes continuellement à ton chevet, ta transformation se fait en douceur. Mais c'est dans le regard des visiteurs qu'on lit le choc de ta dégradation. Tes muscles fondent de plus en plus, et tu peines à te redresser.

Cela ne t'empêche pas de rire et de nous faire rire. La prise intensive de corticoïdes donne lieu à des fixations sur la nourriture, et cette semaine ce sont les saucisses de Strasbourg qui retiennent toute ton attention.

Tu n'as de cesse d'en réclamer et, à peine

englouties, d'en réclamer encore. Le seul obstacle à ces ingestions intempestives est le sel, incompatible avec les corticoïdes. Nous voulons tellement te faire plaisir que nous n'y avons pris garde. Le docteur M. nous rappelle à l'ordre : « Il faut vraiment suivre le régime de façon draconienne, car en plus de gonfler, il risque une hypertension dangereuse, alors je compte sur vous. »

Carton rouge, mon amour, nous respecterons donc cet avertissement pour ton bien. Alors, à chaque visiteur, tu demandes en douce s'il n'y a pas une petite saucisse qui traîne, l'air de rien ! Ta garde rapprochée, ton père, ta grand-mère, Véro, ta « marraine », et moi-même, sillonnons tout Paris en quête d'aliments sans sel.

Un autre couperet tombe. Plus de sucre non plus. Vous ne voulez pas lui passer les menottes pendant que vous y êtes ? Mauvais esprit, je retire Votre Honneur… Mais que lui reste-t-il ?

Un jour, on nous annonce que tu as une permission. Comme à l'armée ?

Tu peux passer la journée à la maison en étant de retour à l'hôpital vers 18 heures. Ce n'est rien et c'est beaucoup. C'est surtout à double tranchant.

Tu vas pouvoir sortir, voir les arbres, la rue, ta maison, ta chambre, mais tout ce monde retrouvé te sera à nouveau confisqué à 18 heures. Que vas-tu y comprendre ? N'est-ce pas te faire plus de mal ? On nous certifie que non. Nous t'emmenons.

Tout à ta joie d'être à nouveau à la maison, tu te lèves pour marcher et tu t'étales de tout ton long, tes jambes n'étant plus assez solides pour te porter.

Ton incompréhension, tes yeux qui nous interrogent : « Qu'est-ce qui se passe, les parents ? »

Et là, Max, j'ai le sentiment insupportable de te trahir, de ne pas être à la hauteur de ce que tous les parents se promettent à la naissance d'un enfant, j'ai le sentiment d'être la complice de tes bourreaux en ne t'exhortant pas à la révolte mais en cautionnant encore ce traitement, dont l'enjeu t'échappe.

— Ce sont les médicaments, Maxou, qui font leur petit travail et, après, ça va aller. Tu es resté un mois dans un lit, alors tes jambes ont un peu oublié comment marcher.

Et toi, tu es brave, tu acceptes l'inacceptable, m'autorisant ainsi une trêve intérieure : pour que tu puisses vivre, il faut d'abord que tu souffres...

Max, que dois-je apprendre de tout cela ?

J'ai la sensation irrationnelle que, depuis que je t'ai porté, tu me protèges. À peine avions-nous émis le désir d'avoir un enfant, neuf mois après tu étais là. Ne me sachant pas enceinte, le premier mois j'exerce tous les sports les moins recommandés lorsque l'on attend un enfant. Je plonge, je fais du motocross. Tu es encore là. Tu t'accroches.

Une peur immature m'a toujours fait craindre l'accouchement. Lors d'un rendez-vous de contrôle chez la sage-femme, elle détecte que, de façon soudaine et inexplicable, tu as de graves problèmes respiratoires. Une heure après, par césarienne, tu es là, m'épargnant l'accouchement que je redoutais tant.

Depuis la mort de ma mère, j'ai la hantise d'hériter de la même maladie. Et c'est finalement Max qui m'oblige à l'affronter à travers lui.

Serais-tu venu au monde pour que je grandisse enfin ? Et ta souffrance serait-elle alors le prix à payer ? Jamais. Je préfère rester naine, et même aplatie sur le sol comme un petit bout de Scotch.

Je vomis l'idée de rédemption par la douleur. Il est sûrement d'autres chemins pour accéder à la sagesse que cette équation absurde : « Je souffre, donc je m'élève. »

De même, j'abhorre l'idée de courage face à la maladie. « Il faut que tu sois courageux », te dit-on lorsque tu vas avoir mal. Courageux ? Pourquoi ? Pour qui ? Au nom de quoi ? Tu n'as pas choisi de t'engager dans la résistance, tu luttes contre un cancer. Il y a une récompense à la fin ? Une médaille ? NON. Alors, sois comme tu veux, comme tu peux, surtout, et ce sera très bien.

N'ai-je pas aimé suffisamment la vie, ai-je trop souvent éprouvé ce sentiment de vacuité, ces vertiges devant le gouffre ?

Non, j'ai toujours connu et reconnu sa valeur sans que tu aies besoin de tomber malade pour cela.

Coïncidence que tout cela. Sans doute.

Nous sommes à plus d'un mois de traitement et tes défenses immunitaires ont beaucoup chuté. Tu es en aplasie, c'est-à-dire en état de fragilité extrême, inhérent au traitement, où la moindre affection peut avoir des conséquences dramatiques. Nous devons t'approcher avec d'infinies précautions, masques et blouses protectrices de rigueur, les visites sont désormais limitées à deux personnes à la fois dans la chambre. Ton moral est stable malgré une dégradation persistante qui limite beaucoup tes mouvements, eux-mêmes assez limités, il faut bien le reconnaître, par la surface de ton petit lit à barreaux.

Rétrospectivement, c'est la partie la plus difficile à vivre du traitement parce que nous ne savons pas où se trouve le point d'arrêt de cette chute libre. Nous sommes même tentés de leur demander de vérifier s'il y a bien une marque... Mes phrases à l'intention des médecins commencent toutes par : « C'est normal qu'il soit comme ci ou comme ça ? » Toujours la même réponse en face, constante :

— Mais oui, madame, c'est normal.

Nous ignorons également que les enfants rebondissent très vite car, au contraire des adultes, ils ne somatisent pas : ils vont mal, ils vont bien, ils ne sont que dans l'instant présent.

Tu remonteras la pente aussi vite que tu l'as descendue. Cela, on aurait dû nous le dire plus tôt. Une fois le choc passé, la bataille engagée, nous sommes à l'affût de tous les éléments positifs nous aidant à tenir.

En attendant, une surprise de taille nous attend. Le bouquet final, la cerise sur le gâteau, que dis-je ? le coup de grâce.

La randomisation. Du mot anglais *random* qui signifie « hasard ». Dans le contexte médical c'est un mot qui rassure tout de suite…

La proposition qui nous est faite est la suivante. La leucémie de Max appartenant au type de celle que l'on guérit le mieux, la médecine pense donc que l'on pourrait alléger un peu le traitement en évitant de lui donner lors de sa prochaine cure un médicament nommé « Donorubicine », médicament susceptible de provoquer plus tard de graves troubles cardiaques.

Mais elle n'a pas assez de recul quant aux chances exactes de « guérison » sans ce médicament. Ils divisent donc le nombre de patients par deux, administrant la Donorubicine aux premiers et ne l'administrant pas aux seconds. Le choix de l'appartenance des patients à l'un ou à l'autre groupe se fait par ordinateur, celui-ci sélectionnant le nom des petits malades au hasard.

Nous avons, en tant que parents, la possibilité de nous soumettre à cette randomisation ou de la refuser, auquel cas le médicament lui sera d'emblée prescrit.

Nous avons une semaine pour prendre notre décision et quoi que nous choisissions, on ne nous en voudra pas… Cette précision implique en soi le contraire par le fait même d'être émise. Il y aura un jugement, si bienveillant et discret soit-il. On va aider ou non la médecine à progresser.

En caricaturant un peu, nous avons le choix entre le fait qu'il meure éventuellement d'une crise cardiaque ou d'une leucémie… Choix délicieux s'il en est. J'hésite, que vais-je choisir ? Vous n'auriez pas un petit joker parce que j'ai un petit peu de mal à me décider.

De qui se moque-t-on ? Non, ils ne se moquent pas. La médecine doit à tout prix progresser, c'est incontestable. Ce qui l'est moins, c'est la méthode utilisée : rendre les parents responsables de ce choix. Pourquoi précisément celui-là ? Nous l'a-t-on donné pour le choix des traitements, pour la stérilité possible et autres effets secondaires qu'engendre la chimio ? L'aurons-nous quant aux décisions extrêmement douloureuses que prendront les médecins dans les deux ans qui vont suivre ? Jamais et c'est normal, nous ne sommes pas médecins mais parents, à chacun ses responsabilités.

Parent d'un enfant malade, n'est-ce pas déjà un fardeau assez lourd sans qu'il faille en plus leur faire porter le poids d'un choix cornélien entre éthique et égoïsme légitime ?

Nous allons vivre une semaine de cauchemar que l'on aurait pu nous épargner.

Nous contacterons des cardiologues pour

estimer le risque des faiblesses cardiaques encourues. Nous interrogerons les médecins de Necker un à un, puis nos amis médecins. Que doit-on faire ? Nous aurons des discussions sans fin Gilles et moi : « Si on pouvait au moins lui épargner un produit toxique, oui, mais ne vaut-il pas mieux mettre toutes les chances de notre côté ? S'il a une rechute, nous nous en voudrons de ne pas le lui avoir donné. »

Soudain, une vérité s'impose. Max a de façon certaine une leucémie, alors que les risques potentiels de problèmes cardiaques sont de dix pour cent. Traitons avec toutes les armes à notre portée ce qui existe, et faisons l'impasse sur ce qui pour l'instant n'existe pas.

Ultime rendez-vous avec le professeur B. dont je veux connaître l'avis.

— Quelles sont les chances de guérison avec le protocole déjà établi ?

— Excellentes.

— Et sans cette cure de Donorubicine ?

— Nous n'avons pas assez de recul. Il faut faire preuve d'abnégation.

C'est le mot de trop. Dans « abnégation », j'entends « sacrifice ».

Notre décision est prise, irrévocable. Nous n'acceptons pas la randomisation et souhaitons qu'on le traite avec de la Donorubicine.

Il va de soi que la médecine doit progresser. Si elle ne l'avait déjà fait, Max n'aurait aucune chance de survie aujourd'hui. La randomisation est nécessaire pour continuer les essais thérapeutiques, mais sans impliquer les parents dans ce choix. J'irais même plus loin, en les laissant dans l'ignorance de ce qui a été choisi pour leur enfant. Il est des cas où celle-ci est plus salvatrice que la connaissance. Une dose de chimio supplémentaire ou pas est moins « grave » que d'avoir l'impression que c'est nous qui décidons de ces chances de survie.

Nous aurons par la suite deux échos de ce choix. Le chef de clinique de l'hôpital de jour : « De toute façon c'est très révélateur, il n'y a que vous ou presque qui ayez refusé la randomisation. » Révélateur de quoi ? J'ai dû être franchement désagréable ce jour-là pour qu'une telle vérité jaillisse ainsi…

Le deuxième écho proviendra du professeur B. : « Quelque part, cela me rassure que vous ayez refusé, je trouvais cela suspect que tout le monde accepte. Je me demande si les autres parents ont tous bien compris ce qu'est exactement la randomisation. C'est un sujet qui me tient beaucoup à cœur et peut-être ne sommes-nous pas assez explicites. »

Non, en effet. Sujet clos.

À quelques jours de Noël, c'est enfin le jour de ta sortie.

Il y a un petit spectacle pour l'occasion, auquel tu es bien évidemment convié.

Tu es assis dans les bras de ta grand-mère au milieu des médecins et des infirmières. Tu es hagard, épuisé, les clowns cette fois-ci ne captent pas ton attention. Derrière toi, il y a les professeurs B. et F. et à leurs côtés le docteur M.

Je les regarde et je sens une colère sourde à leur égard.

« Regardez-le, au moins, que lui avez-vous fait ? Dans quel état me le rendez-vous ?

Ce n'est évidemment pas à eux que j'en

veux, mais, dans mon désespoir, j'aimerais m'en prendre à quelqu'un, je pourrais tuer tellement j'ai mal.

Une main se pose sur mon épaule, je ne sais à qui elle appartient, mais elle sait ce que je ressens et me demande d'accepter.

Joie immense du retour à la maison. Nous te préparons un Noël à la mesure de notre amour, entourés de tes cousines et de toute la famille.

Tu ne peux même pas te lever ni tendre les bras pour attraper tes cadeaux sous le sapin, mais tu es tellement heureux qu'on « oublie tout ».

Max a ensuite droit à une courte phase de récupération avant d'attaquer la seconde cure de douze semaines, dite de consolidation, qui comme son nom l'indique, est moins forte et moins dense que l'induction, son but étant de consolider le résultat obtenu. Cette cure se passera à domicile où une infirmière viendra régulièrement lui faire des piqûres et à l'hôpital de jour, lieu où, au moins, il ne dormira pas.

Sa hantise et la nôtre, d'ailleurs, sont les possibles infections, fièvres et aplasie qui l'obligeraient à être réhospitalisé dans ce qu'il appellera en toute logique l'« hôpital de nuit ».

Nous organisons notre nouvelle vie autour de cet emploi du temps. Nous décidons, afin de pouvoir continuer à travailler, de lui trouver une nounou. Nous choisissons J., de laquelle nous attendons des flots de tendresse à son égard, elle n'aura que de la rigueur, nous nous en apercevrons trop tard.

Erreur de « casting » difficilement acceptable, c'est si facile d'aimer Max. Un enfant qui souffre est une offense à la vie, la seule réparation possible passe par l'amour et la tendresse qui lui sont prodigués, cela va de soi et pourtant...

Max prend ses quartiers dans notre chambre qui possède une petite télé, et dont la situation géographique dans l'appartement est plus commode. Nous lui installons son mini-fauteuil club, une petite table pour ses repas et sa collection de dessins animés. Il retrouve petit à petit son autonomie tant physique que morale et, encore une fois, nous sommes éblouis par son adaptation immédiate.

Tu ne poses aucune question : « Pourquoi je ne vais plus à la crèche ? » « Qu'est-ce que j'ai ? » « Est-ce que c'est fini la maladie ? » Rien, comme si tu avais décidé, en silence, d'être le baume qui cautérise nos plaies.

Une sorte de normalité s'installe ponctuée par ce qui sera désormais nos petits combats quotidiens, à savoir l'alimentation, le bain et les soins.

Nous lui donnons à manger ce qu'il veut, quand il le veut et dans la quantité qui lui convient. Au diable les principes d'éducation, seuls comptent son plaisir, ses envies, heure après heure, jour après jour. L'armistice est encore très loin, et chacun de ses sourires et de ses éclats de rire est une victoire, un pas de plus sur l'ennemi.

Le bain, ou plutôt le « non-bain » devient très rapidement sa bête noire. Il lui est interdit de prendre douche ou bain, car le pansement qui protège son cathéter doit rester strictement étanche pour préserver la stérilité sous peine de graves infections qui obligeraient à une deuxième anesthésie générale pour le changer. La guerre est donc déclarée à toute goutte d'eau pouvant menacer ce territoire protégé. Nous optons pour deux petites bassines, l'une pour laver, l'autre pour rincer. La révolte de Max va enfin pouvoir s'exprimer et il se rebellera chaque fois que ce rituel se présentera.

En revanche, tout ce qui nous demandera un apprentissage lui sera immédiat. Son cathéter ne le dérange aucunement, il semble faire partie de lui, il l'a intégré au moment même où il lui a été posé.

À l'inverse, nous devons réapprendre son corps, avec cette zone interdite au toucher, de peur qu'un faux mouvement n'arrache le tuyau, vision d'horreur absolue. Très vite nos mains sauront éviter ce périmètre de son torse, et à sa demande d'enfant joyeux, nous reprenons nos séances de chahutages, comme si elles n'avaient jamais cessé.

Janvier 2003

Première chimiothérapie à l'hôpital de jour

Nous rencontrons la chef de clinique qui le dirige, le docteur M. D. Elle a les mêmes initiales que Marguerite Duras mais n'a pas la même aisance avec les mots…

Nos premiers rapports sont houleux, et en ce qui me concerne franchement désagréables.

Avant même que nous ayons pu ouvrir la bouche, elle énonce les règles du lieu :

— Ici, il faut savoir attendre, ça peut être long, très long.

Voilà un accueil chaleureux et encourageant. Avec le recul, je comprends aujourd'hui que c'était une façon de devancer nos impatiences à venir, mais sur le coup je la trouve sèche et peu humaine et m'empresse, avec le tact qui me caractérise lorsque je suis en colère, de le lui faire savoir.

Hélas, c'est Dieu le Père en son royaume, et il me faudra composer tant bien que mal avec elle avant que nous finissions petit à petit par nous apprécier un peu plus.

Nous découvrons également tout l'encadrement hospitalier de ce service, infirmières, aides-soignantes et les dames en rose, qui sont les bénévoles tentant de distraire les enfants.

Elles sont toutes d'une gentillesse, d'une écoute et d'une patience infinies avec les petits malades, négociant pour les soins délicats avec des jeux et des chansons.

Max doit subir aujourd'hui, pour débuter la phase de consolidation, une injection de chimio dans le bras et une ponction lombaire que l'on appelle dans le jargon médical une « intratécale ». Il s'agit d'un prélèvement de liquide céphalorachidien par une aiguille fine introduite entre deux vertèbres lombaires. C'est un geste dangereux de par la proximité de la moelle épinière et extrêmement douloureux de par la longueur de l'aiguille. Ensuite, le médecin, toujours au même endroit, injectera une dose de chimio afin de prévenir une éventuelle rechute méningée.

Heureusement Max est « schooté » grâce à un masque contenant du protoxyde d'azote, mais très vite il saura associer le masque avec la piqûre qui suit et se débattra comme un forcené pour y échapper. Lorsque l'application de celui-ci lui aura néanmoins permis d'être un peu dans les vapes, il tentera de chantonner « Une souris verte », comptine reprise à l'unisson par tout le personnel médical présent dans la chambre à ce moment-là.

C'est un instant d'une grande densité. La peur qu'engendre la douleur du geste, la précision requise de la part du praticien pour piquer au bon endroit et du premier coup et l'incroyable solidarité des infirmières et autres intervenants pour que le petit malade souffre le moins possible dans sa chair et dans sa tête.

Cela posé, c'est un geste auquel je n'ai jamais pu assister et c'est son père qui le tiendra dans ses bras à chaque ponction, et Dieu sait qu'il y en a et qu'il y en aura encore. J'attends, tétanisée derrière la porte, qu'une infirmière sorte pour me dire que cela s'est bien passé.

Max, tu as un père formidable, exemplaire, je sais que tu le sais, tant pis, je te le dis et te le redirai encore.

La suite doit se dérouler avec une infirmière à domicile, les traitements prescrits ne nécessitant pas une surveillance étroite. Le pharmacien mandaté par l'hôpital nous livre les médicaments et nous propose une liste d'infirmières habilitées à exécuter ce genre de soin très particulier.

Nous en éliminerons plusieurs qui semblent oublier qu'il s'agit d'un enfant et jetons notre dévolu et surtout notre confiance sur Andrée qui se déplace à moto dans Paris, détail qui suscite la curiosité et la sympathie de Max. Lorsqu'elle déboule casquée, totalement dissimulée par sa panoplie noire de motarde, elle s'apparente plus à la cheftaine des tortues Ninja qu'à l'infirmière en blouse blanche poussant son petit chariot.

J'ai envie de souligner l'importance qu'a eue Andrée, combien elle nous a été précieuse. Tout en étant d'une extrême rigueur, elle sait s'adapter à Max, prendre le temps de lui expliquer sur son ours Boubou ce qu'elle va lui faire. Elle n'hésite pas à repartir et à revenir plus tard si elle interrompt un repas, sachant la difficulté que nous avons à le faire manger. Elle n'a jamais l'air pressée alors qu'elle n'est rémunérée qu'au nombre de soins.

Par son attitude, sa personnalité, elle nous aide infiniment. Elle s'intègre à notre famille, il lui arrive souvent de pique-niquer avec nous avant de repartir finir sa tournée, nous ne craignons plus sa venue, elle fait momentanément partie de notre vie.

Lorsque l'on sait la dureté des soins qui lui incombent et l'inhumanité dont ont fait preuve certaines de ses collègues face aux mêmes tâches, je la remercie sincèrement d'être ce qu'elle est.

Notre seul pouvoir en tant que parents est de choisir la façon dont notre enfant doit subir ses soins. On ne peut le soustraire au traitement, mais on peut définir le seuil de ce qui est acceptable ou non, dans la façon de le lui administrer, de le prendre en compte.

Fin janvier 2003

Malgré le traitement en cours, Max a récupéré une grande partie de sa forme.

Pour rompre un peu la monotonie de ses journées, je décide de l'emmener avec moi aux répétitions de l'*Antigone* d'Anouilh que je prépare au théâtre Marigny. Il est aux anges, ayant l'habitude depuis son plus jeune âge de fréquenter les salles de spectacles avec nous. Pour lui, c'est un vaste terrain de jeux, de rencontres, où il évolue de façon autonome.

C'est l'hiver, je lui mets un chapeau, m'épargnant ainsi les regards compatissants sur son crâne lisse, regards que j'apprendrai à ignorer, mais qui, pour l'instant, me font mal.

Mal de tout ces yeux qui le scrutent, surtout ceux des parents dont j'entends les pensées à haute voix : « Ouf ! ce n'est pas le mien... » J'ai envie de leur crier que moi aussi je me pensais à l'abri, que ce n'est ni héréditaire ni génétique, que cela peut leur arriver aussi, je veux qu'ils aient peur, qu'ils aient mal pour qu'ils arrêtent de dévisager Max avec pitié, pour qu'ils baissent les yeux.

Ce n'est pas très charitable, je n'ai jamais prétendu l'être, et, surtout, c'est un vain combat. Max ne se soucie pas de son apparence, mes forces ne doivent pas s'épuiser à combattre le regard d'autrui.

Une fois au théâtre, tu cours dans les rangées de sièges, discutes avec tout le monde. Tu es accueilli à bras ouverts par les comédiens et les techniciens. Tu leur demandes de te faire tout visiter, les cintres, les coulisses. Tu as le culot de demander à « Antigone » si tu peux cracher dans sa petite piscine (petit bassin de deux mètres sur deux faisant partie du décor). Stoïque, elle répondra « oui » ! Heureusement, tu t'abstiendras...

Gérard, le régisseur, t'installe à la console lumière et te fera éteindre toutes les appliques plongeant ainsi la salle dans le noir, puis les rallumer et ainsi de suite. Tu as l'impression d'être le roi, tu ris, tu es heureux.

L'attention que te portent les gens de ce théâtre n'est pas simplement due à ta maladie, mais aussi à ta personnalité, sinon ils t'auraient fait les trois petits « guili-guili » de circonstance et seraient retournés vaquer à leurs occupations.

Tu parles comme un livre depuis que tu as deux ans, tu adores rencontrer des gens nouveaux, mettre ta main dans la leur et me dire, très fier : « Ne t'inquiète pas, maman, je reviens dans dix minutes », tu chantonnes toute la journée même en mangeant (!), bref tu es la joie de vivre incarnée. Tous les enfants n'ont pas forcément ce caractère bienheureux, c'est une forme de grâce, une force indéniable.

Robert Hossein, le directeur du théâtre, bavarde avec Max et me dit :

— Tu sais, ton fils, il aura un grand destin.

Ce à quoi je lui réponds :

— Si déjà il a un destin « tout court », cela m'ira très bien…

Dans la loge de la coiffeuse, tu découvres une malle de perruques. Tu les essaies avec délices et me glisse : « Tu vois, maman, pour moi c'est plus pratique pour les mettre, j'ai pas de cheveux ! »

Tu as raison, mon amour, c'est plus pratique…

Nous réitérerons souvent ce genre de journée lorsque son état nous le permettra. L'emmener à mon travail, c'est le garder dans la vie, abolir les frontières entre l'univers hospitalier et le monde extérieur, jeter des ponts entre ces deux rives pour qu'il puisse aller de l'un à l'autre le plus souvent possible, pour que passe au plus vite le temps de la maladie. Le malheur est gourmand, il faut lui laisser le moins de place possible.

Je réalise que, si ce temps doit passer vite, je ne dois pas chercher à l'escamoter, à le nier comme j'ai tendance à le faire depuis le diagnostic.

Pour me donner de la force, je me projette sans cesse à la fin du traitement, je refuse le présent comme un intervalle douloureux et stérile qu'il nous faut subir, dont rien de positif ne peut sortir. Je pense et décide à la place de Max. Or, que cela me plaise ou non, il se construit aussi à travers la douleur, il faut simplement essayer d'équilibrer les donnes, lui offrir tout le bonheur qui peut aussi être à sa portée.

Max nous réserve une petite surprise digne de son humour : ses cheveux commencent à repousser, mais de deux couleurs, façon dalmatien !

Intrigués, nous consultons le dermatologue de l'hôpital de jour qui a l'air aussi surpris que nous.

— Écoutez, docteur, je préférerais que cela repousse tout rose, tout vert, mais uni, s'il vous plaît, parce que sur la longueur, moucheté, je ne suis pas sûre de m'y faire…

L'affaire se résoudra d'elle-même ; il reperdra ses cheveux à la prochaine grosse chimio, résolvant ainsi tous les problèmes de coloris.

12 mars 2003

Nous arrivons à l'intensification numéro 1, phase que nous redoutons beaucoup. Le docteur M. nous prévient qu'elle est très lourde, mais qu'après ce sera plus « sympa ». C'est un drôle de mot dans ce contexte, elle veut dire plus facile ; je vais m'accrocher à ce terme comme une naufragée à son radeau.

Je ne suis pas certaine que les médecins aient une idée de l'importance des mots qu'ils emploient. De l'importance à ce point-là. Elle aurait pu dire « moins dure », elle a dit « sympa ». Ce mot, ce tout petit mot va m'accompagner jour et nuit pendant les cinquante jours que durera l'intensification. Je vais le conjuguer à tous les futurs, le serrer dans mes bras comme un oreiller réconfortant quand Max souffrira trop, il faut tenir, elle a dit qu'après ce sera plus « sympa »... Nous sommes tellement vulnérables qu'un mot peut nous anéantir ou nous soulever pendant des jours et des jours.

Les chimiothérapies sont très fortes, très rapprochées, c'est à nouveau l'artillerie lourde. On pensait avoir vécu le pire, il nous restait encore des échelons à gravir dans les degrés de souffrance.

Tu reçois régulièrement deux injections en intramusculaire, une dans chaque cuisse. Tu hurles de douleur pendant la piqûre et, après, le temps que le produit se répande dans ton corps.

Je te prends dans les bras, tu suffoques, tu te fâches : « Ça fait mal, maman la pique. » Tu es furieux contre mon impuissance à te soulager, alors, à bout, je crie avec toi, que je les déteste, ces piqûres, qu'il faut les faire, mais que je les déteste quand même, qu'il faut les tuer ces seringues, je dis n'importe quoi pour que tu aies moins mal. Tu me regardes, étonné par ma colère unie à la tienne, cette colère qui nous soude, alors tu te calmes, enfin.

Complices, nous essuyons nos yeux, tu me chuchotes que, la prochaine fois, on ne se laissera pas faire… « On apportera des dragons pour tuer les piques… »

Ton petit corps résiste tant qu'il le peut à ces assauts répétés subis en hôpital de jour.

Mais un jour, le docteur M. D. entre dans la chambre :

— Les analyses de Max sont mauvaises, il est en aplasie, ses défenses sont tellement basses qu'il peut attraper n'importe quelle infection contre laquelle il ne pourra pas lutter. Il est trop fragile, il faut l'hospitaliser maintenant en immunologie.

La prison à nouveau. Max ne rentrera pas à la maison avec nous. On tente de lui remonter le moral alors que l'on est aussi effondrés que lui.

Gilles ou moi fonçons à la maison chercher des vêtements et des jouets, pendant ce temps, Max s'installe dans sa nouvelle chambre.

C'est un état attendu, mais cela ne l'adoucit pas pour autant.

La seule consolation, c'est que nous avons commencé par le pire, alors maintenant, quoi qu'il arrive, ce sera plus facile.

— Dans combien de dodos je vais sortir ?

C'est impossible à définir à l'avance, il faut qu'il refasse son système immunitaire, huit à dix jours peut-être.

Le défilé des infirmières, des médecins recommence. Et puis, il y a les internes, que j'ai du mal, au début, à considérer comme des médecins. Pour moi, ils sont encore étudiants et, en plus, ils changent tout le temps.

— Bonjour, je m'appelle Jean-Charles, je suis le nouvel interne, c'est moi qui vais m'occuper de Max à partir d'aujourd'hui.

— Ah bon et Jean-Pierre alors ?

— Il est parti ce matin, c'est moi qui le remplace.

Cela nous avait pris du temps à nous habituer à Jean-Pierre, voilà qu'il va falloir recommencer avec Jean-Charles…

Et Max alors ? Que pense-t-il de ces nouvelles mains qui se posent sans cesse sur son corps ? À peine le docteur M. est-il sorti de la chambre après l'auscultation quotidienne que l'interne entre pour faire exactement le même examen.

On ne demande pas son avis à Max, alors nous donnons le nôtre et réduisons les allées et venues dans sa chambre.

Quant à l'externe qui a eu le malheur de tenter sa chance, je lui ai dit que j'étais de tout cœur avec lui, mais que, malheureusement, on affichait complet.

Lorsque l'on découvre l'hôpital, on n'ose pas s'interposer, on subit en silence. Avec l'habitude, on ose un peu plus, on se fait confiance sur ce qui est contournable ou pas.

Il y a une infirmière, C., plus âgée que les autres, un peu « vieille école », qui est très stricte sur la façon de faire. Elle s'obstine à vouloir passer la perfusion de Max par-dessus son épaule sous prétexte qu'ainsi, il ne pourra pas l'arracher.

Nous tentons de lui expliquer que notre fils fait très attention et qu'en plus cela lui fait mal au cou. Peine perdue.

Dès qu'elle a le dos tourné, on se précipite

pour installer la perfusion afin qu'elle gêne Max le moins possible.

C'est décidé, je n'aime pas cette infirmière. C'est un jugement sans appel, dicté par son apparente froideur et son manque de souplesse.

Un jour, je m'effondre. Et, comme il n'y a aucun endroit pour pleurer tranquille, je me cache dans un recoin, entre les deux sas en verre. J'ai honte, je ne veux pas que l'on me voie, mais je ne peux atteindre la sortie sans passer dans le couloir, devant tous les gens.

C., l'infirmière avec qui j'ai souvent été désagréable, m'aperçoit, vient vers moi et me réconforte avec une grande douceur. Elle me dit les mots qui calment avec une infinie gentillesse, me console et reste avec moi le temps que passent les larmes.

Je suis très émue. Plus encore. Elle est l'intelligence du don, de la compassion, au-delà de tout jugement. Tout ce que je ne suis pas. Et ma douleur ne m'excuse pas, elle ne fait qu'exacerber mes travers.

C'est incroyable tout ce que je suis obligée

de faire supporter aux autres, parce que je ne peux le supporter moi-même.

La difficulté, dans cette épreuve, n'est pas de subir, mais de le faire à son corps défendant. Je suis un arc, bandé à l'extrême, une infime vibration, et la flèche part, peu importe la cible.

Je donne le change, mais je n'ai rien accepté. Rien. La vie d'un enfant, faite tout en commencement, en envol, transpercée ainsi, laissée en suspens, sur le bas-côté de la vie ?

Inacceptable. À jamais.

Nous nous hissons progressivement vers la sortie de cette cure, comme on escalade une montagne, nous accrochant à la moindre aspérité susceptible de nous faire entrevoir le sommet.

Max reprendra des forces, les reperdra, sera de nouveau hospitalisé, et ainsi de suite jusqu'à la délivrance, qui a pour nom J. 50.

Dans ce service d'immunologie, il y a toujours quelqu'un pour vous écouter, médecins bien sûr, mais aussi la psychologue, Mme F. B.

Elle est très présente, disponible, et son

expérience dans ce service lui permet d'apporter beaucoup de réponses à nos questions.

Elle assiste aux réunions hebdomadaires des médecins, « le staff », elle est donc précisément au courant de notre cas, ce qui ne l'autorise pas pour autant à tout nous dire, mais elle nous oriente vers ce qui peut nous soulager.

Lorsque le soir tombe, que le service se vide, on ressent l'abandon qui précède la nuit, il n'est pas rare de la voir apparaître derrière la vitre de la chambre pour prendre des nouvelles, heureuse diversion dans ces instants de soudaine fragilité.

Et puis, tu t'endors enfin, serrant Boubou dans tes bras, tenant ma main ou celle de ton père, nous sortons sur la pointe des pieds, faisons trois pas dans le couloir, revenons te voir pour être sûrs que tu dors bien.

On se sent coupables, malheureux de te laisser ici, dans ce silence traversé de cris, par l'angoisse de la solitude.

Dehors, la nuit nous cueille, indifférente, nous nous sentons misérables, nous avons le mal de toi.

Mai 2003

Début de l'interphase, qui durera huit semaines

« Induction, consolidation, intensification », vous n'auriez pas une petite réduction pour bonne conduite ?

Impossible. Quels que soient les résultats obtenus, le protocole doit être appliqué rigoureusement jusqu'au bout.

L'interphase est une cure « légère » de deux mois, pour, toujours selon le même principe, permettre à Max de récupérer.

Notre moral remonte, nous savons que le plus dur est derrière nous. Dans les peurs que nous avons, il y a toujours plus que les peurs elles-mêmes. Il y a l'anticipation, cette torture de l'esprit à vouloir se représenter ce qui va être. J'ai autant souffert d'imaginer la souffrance que de la souffrance elle-même.

C'est au moins un tourment qui aura été épargné à Max.

À partir de cette date, la vie va presque reprendre une tournure normale. Max tolère très bien cette nouvelle cure et a l'autorisation de quitter Paris.

Direction Toulouse, chez sa grand-mère qui l'aime tant, qui a été constamment à son chevet avec nous.

Être dans une gare avec lui, faire des valises pour un autre lieu que l'hôpital prennent des allures de fête.

Nous ne nous arrêterons pas en si bon chemin, je l'emmènerai aussi à Londres voir ses cousines.

Il suscite autant les regards par son crâne chauve, je n'y prête plus attention, je ne suis plus en guerre avec le monde. Je suis en guerre avec cette injustice, mais cette injustice n'est pas le monde.

Sa maladie est la même, il reste encore trois mois et demi de traitement, mais j'ai changé, l'idée de la maladie a évolué en moi.

À force de la côtoyer, elle m'est devenue plus familière, moins hideuse. Je la traque, je l'apprivoise pour mieux la combattre et, si je ne l'accepte toujours pas, je l'admets dans notre vie, pour un temps.

La leucémie est toujours aussi redoutable, la bataille continue, simplement j'ai déplacé mes joueurs. L'aspect physique de Max ne me préoccupe plus, ce que pensent et voient les autres ne me touche plus. Je sais, je sens qu'il est sur le chemin de la victoire, qu'elle est en train, la gueuse, de mettre genou en terre.

La seule chose qui compte maintenant, c'est que Max vive le plus normalement possible, qu'il se remplume de bonheur. Si la fatigue se rappelle à lui, nous freinerons, nous suivrons son rythme, cela va de soi. Mais on ne va pas freiner à l'avance…

« T'inquiète pas, maman, je ne vais pas tomber en fatigance. »

Tu supportes bien, alors vivons bien.

Forts de ces nouvelles résolutions, nous décidons de partir en Corse, et ce, il faut bien le dire, sans autorisation médicale. Elle ne nous a pas été refusée pour la bonne raison que nous ne l'avons pas demandée.

Véro, ta marraine de cœur, fidèle parmi les fidèles, nous a concocté un petit séjour dans l'île de Beauté, qualificatif qui tombe à point après tous ces îlots de laideur.

Nous devons refaire le pansement de ton cathéter tous les quatre jours, nous partons donc, avec un bagage médical digne de Médecins sans frontières.

Pour un enfant qui doit se montrer extrêmement prudent en face de l'eau, nous ne lésinons pas sur la tentation : à droite la mer, à gauche la piscine. L'ensemble étant, bien entendu, accessible en trois pas de tes minibaskets. Nous allons exercer une surveillance rigoureuse à ton égard, mais ce sera pure formalité, tu as pleinement conscience des dangers de l'eau. Tu as souvent le réflexe de mettre la main sous ton menton lorsque tu bois, geste qui m'émeut parce qu'il témoigne de ta volonté de bien faire.

Nous t'équipons avec triple pansement et ganse étanche, le tout enrubanné dans moult sacs en plastique. Tu ressembles à un gros bonbon, mon Maxou, ce qui déjà te fait rire.

Que dire de ta joie, lorsque, juché dans nos bras, nous sautillons ensemble dans les vagues, courant vers le bord pour ne pas qu'elles nous rattrapent.

Douce sensation de revanche, comment pourrait-il en être autrement ? Ton enfance t'est enfin rendue.

Tes petits cheveux blonds repoussent et tu reprends de légères couleurs.

Un soir où nous dînons dans un restaurant, tu t'empresses, à peine ton repas avalé, d'aller bavarder avec nos voisins de table, ton occupation favorite.

Tout d'un coup nous entendons, médusés :

— Vous savez, moi j'ai une « leuquémie », et j'ai même un cathéter.

Joignant le geste à la parole, tu soulèves avec fierté ton tee-shirt.

Tes interlocuteurs se retournent sidérés vers nous, guettant dans nos regards un démenti de tes affirmations. Hélas, nous confirmons tes dires et sommes presque obligés de les rassurer au vu de la peine où les a plongés ta déclaration spontanée.

C'est la première fois que nous t'entendons émettre un avis, un commentaire sur ta maladie. Nous sommes stupéfaits, car loin de vouloir la cacher, tu sembles vouloir t'en vanter, comme d'un fait d'arme exceptionnel.

Ton interprétation est surprenante, mais c'est la tienne. C'est ta façon à toi, petit garçon de trois ans, de t'approprier tes souffrances, et, pas un instant, il ne nous vient à l'esprit de contrecarrer ta manière de l'exprimer.

On ne peut pas dire que l'on sera transportés d'aise chaque fois que tu feras cette déclaration en public, loin s'en faut, mais c'est ton histoire et c'est un miracle que tu la vives ainsi.

Un autre soir, nous regagnons notre hôtel, en longeant le port et tu fais la course avec d'autres enfants. Leur mère, amusée par ton énergie me glisse : « Il est en forme votre fils ! »

Comme nous marchons un peu en retrait, je la mets dans la confidence sur ton état de santé. Avec retenue, elle me dit que c'est une sacrée leçon et qu'elle en parlera à ses enfants qui se plaignent dès qu'ils s'égratignent. Je l'en dissuade immédiatement, il n'y a pas d'échelle de valeur dans la tête des enfants qui souffrent, conséquence salutaire de leur ignorance. Un genou qui saigne continuera de faire mal, même si d'autres ont une leucémie.

Max en est l'illustration même. Un jour, il nous a déclaré :

— La « leuquémie », ça n'est pas trop grave, mais heureusement que je n'ai pas attrapé la « carlacine » (scarlatine), j'aurais eu des boutons partout !

Heureusement, oui…

Nous savourons avec délice notre séjour au soleil. Et puis vient le jour du changement de pansement, avec les précautions indispensables pour éviter toute intrusion de microbe.

Nous avons tellement peur de commettre une erreur que notre chambre d'hôtel se transforme en un similibloc opératoire. Nous t'allongeons sur des serviettes propres recouvertes d'un champ, et nous préparons à l'avance tout ce dont nous aurons besoin. Gilles enfile ses gants stériles, on dirait deux chirurgiens se préparant à une opération à cœur ouvert !

Tu nous regardes, l'œil malicieux, je te soupçonne de ricaner intérieurement.

C'est Gilles qui officie, ta mère se contentant de passer les instruments, ce qui ne nous empêche pas de ruisseler tous les deux d'appréhension sous nos masques.

Nous procédons doucement, alors évidemment, pour toi, cela devient un peu long.

C'est là que tu chuchotes, narquois :

— Eh bien, c'est pas gagné, les parents !

Ingratitude, quand tu nous tiens…

Juin 2003

Nous entamons la dernière ligne droite, la phase d'intensification numéro 2. Elle est plus forte que la précédente, mais comme c'est la dernière, nous l'affrontons plus facilement.

Six semaines plus tard, c'est l'heure du bilan final. Le docteur M. nous livre ses conclusions au regard des ultimes examens :

— Max va très bien, il a supporté son traitement sans trop de séquelles apparentes et il a un très bon pronostic de guérison.

— Qu'est-ce que cela veut dire exactement, bon pronostic ?

— Nous n'aimons pas parler en chiffres, ce n'est pas une science exacte, mais cela veut dire qu'il a à peu près 95 % de chances de guérison définitive. Cela étant, il y a des enfants qui rechutent, ce qui ne les empêche pas de guérir par la suite.

Max devra néanmoins suivre un traitement d'entretien pendant deux ans, pour mieux se prémunir contre tout risque de rechute.

Nous sommes rassurés et cette idée de rechute possible ne nous effraie pas, tant elle paraît, au dire des médecins, peu probable.

Nous n'avons pas eu de chance une fois. Une seconde fois, ça deviendrait de l'acharnement du mauvais sort.

Nous devons encore patienter quinze jours avant le moment que nous attendons tant, celui de la capitulation finale : l'ablation de son cathéter. En clair, on va le retirer parce que Max n'en a plus besoin.

22 août 2003

On vient nous chercher dans la salle d'attente

« L'opération s'est bien passée, vous pouvez venir, il ne vas pas tarder à se réveiller. »

Ça y est, Max est enfin délivré de ce cathéter, nous sommes fous de joie à l'idée de le lui annoncer. Malheureusement, la nouvelle n'a pas sur lui l'effet escompté.

À peine l'information reçue, il nous regarde furieux, et crie : « Je ne voulais pas qu'on l'enlève, c'est MON cathéter. »

Tu nous surprendras toujours, mon amour...

Peu importe ton mécontentement passager, nous rentrons à la maison allégés d'un grand poids.

La vie va pouvoir reprendre comme avant, nous avons le sentiment d'avoir fermé une très lourde parenthèse, de nous être absentés de nous-mêmes un trop long moment.

Je prends conscience, m'est-il encore possible de l'ignorer, que la vie n'est pas souvent arrangeante, qu'au mieux elle se fait silencieuse, au pis, elle se fait déchirante.

Nul n'a une vie facile, le seul fait d'être vivant nous projette immédiatement au plus difficile, minuscule coque de bateau tentant de se frayer un passage au milieu des récifs.

Mais lorsque l'on a eu le cœur écorché à vif, saigné à blanc, alors on se jure que du silence, du calme, même de la monotonie, on se contentera, oui, je me le suis juré.

Nous décidons, pour rattraper le temps perdu, de louer une maison au bord de la mer pour que tu puisses y passer tout le mois de septembre. Tu vas pouvoir t'amuser, te mouiller, mettre du sable partout, te renverser un seau d'eau sur la tête si cela te fait plaisir, tu es libre.

Si l'on a du mal à s'habituer à la souffrance, le retour au bonheur se fait très rapidement, comme s'il ne nous avait jamais désertés.

Fin septembre 2003

Premier jour de maternelle

Tu tiens ton Boubou bien serré dans tes bras, prêt à affronter les affres de la vie en communauté.

Nous sommes presque plus émus que toi.

Max, qu'il a été long le chemin à parcourir, pour que tu arrives un jour devant la porte de cette école !

Comme pour mieux tourner la page, nous décidons également de déménager. Envie de quitter cet appartement, lié à tant de mauvais souvenirs, de mettre une distance supplémentaire avec le passé.

Autre argument des plus convaincants s'il en est, notre nouveau lieu est à cinq minutes à pied de l'hôpital Necker. Cela facilitera grandement tous nos déplacements à venir pour les examens de contrôle et le traitement d'entretien.

Il y a une prise de sang tous les mois et une ponction de contrôle, suivie d'une chimio, tous les deux mois. Nous ne demandons jamais les résultats de ces examens, convaincus d'en être quittes avec le malheur. Cette conviction est étayée par le corps médical et aussi par une forme de superstition, de foi.

Tous les petits riens qui constituent notre vie me paraissent appréciables, je les vis pleinement. T'emmener à l'école, faire des projets pour les vacances, préparer Noël, tout me paraît si précieux, parce que je sais, maintenant, que cela n'est jamais acquis.

16 mars 2004

C'est ton anniversaire, tes quatre ans ! Nous le fêtons le dimanche qui précède la date, pour des raisons de commodité. Nous avons invité une ribambelle de tes condisciples et multiplions les activités pour divertir les troupes. L'incontournable gâteau apparaît, tu souffles tes bougies, tu es fier, nous aussi, nous sommes fiers de toi, nous sommes heureux.

Chaque date importante souligne pour moi la vulnérabilité de ton existence. C'est une sensation qui, j'espère, va s'effacer avec le temps, s'atténuer au fur et à mesure que la vie s'étendra devant nous, apaisante.

Max, il y a une chose que je ne t'ai jamais dite, par pudeur peut-être.

Tu es l'enfant que je rêvais d'avoir.

Si l'on m'avait dit : « Dessine-moi un enfant », c'est toi que j'aurais dessiné.

18 mars 2004

Il est huit heures, nous nous apprêtons à t'emmener à l'école. Le téléphone sonne, Gilles répond.

— C'est le docteur M. D. à l'appareil. Pourriez-vous passer maintenant à l'hôpital, je voudrais vérifier certaines choses dans les derniers examens de Max ?

Gilles raccroche. Il est inquiet.

— Mais non, lui dis-je, s'il y avait eu quelque chose de grave, elle nous l'aurait dit.

Est-ce bien sûr ?

Nous fonçons à l'hôpital, Gilles est très tendu, me demande d'accélérer le pas. Je ne suis toujours pas inquiète, je ne comprends pas pourquoi on court comme cela, Max est en pleine forme, la fatalité ne frappe pas deux fois au même endroit, c'est impossible.

Petit sentiment de malaise, pourtant, en pénétrant dans l'hôpital de jour. Les infirmières, d'habitude si accueillantes, baissent les yeux en nous voyant.

Le docteur M. D. arrive immédiatement dans la chambre.

— Nous avons trouvé dans les examens de Max des cellules bizarres… et

Je la coupe brutalement :

— C'est une rechute ?

— Oui, c'est une rechute.

Voilà, c'est dit. Il me faut deux secondes pour que l'information arrive jusqu'à mon cerveau, que la décharge électrique me foudroie tout le corps.

Je regarde Gilles, puis Max, et je sors de la pièce, muette.

Je sens mon estomac qui se révulse, il faut que j'arrive jusqu'à dehors, impossible, mes jambes se dérobent, je vais m'évanouir, je m'allonge sur un banc en bois à l'extérieur du service. Je ne pleure pas. Un étau oppresse ma poitrine, m'empêche de respirer, j'ai l'impression d'étouffer.

Le docteur M. D. arrive et, avec des infirmières, m'installe dans une chambre libre. C'est mon fils qui est malade, et c'est autour de mon lit que tout le monde s'affaire, le chagrin me submerge d'un seul coup, me coupant le souffle, je suis noyée de larmes, inondée.

Le docteur et son équipe m'entourent, je sais que cette nouvelle les touche aussi. Elles essayent de me soutenir par des gestes, toute parole est superflue, aucun réconfort n'est possible, rien, ni personne, ne peut atténuer le choc. Je voudrais m'enfoncer sous la terre, ne plus ressentir, ne plus vivre. Pas ça. Pas encore.

Je me reprends un peu, il faut que j'aille voir Max. Je le retrouve avec Gilles dans la salle de jeux, préservé de ce drame par son ignorance, encore une fois.

J'interroge le docteur M. D.

— Mais, vous nous aviez dit qu'il y avait très peu de risque de rechute ?

— C'est vrai et nous sommes extrêmement surpris.

— Pourquoi alors ?

— Je ne sais pas, de plus c'est une rechute précoce, qui surgit peu de temps après la fin du traitement.

— Qu'est-ce qu'on va faire ?

— J'ai averti le professeur B. hier, dès que j'ai eu les résultats. Il ne sait pas encore, il doit consulter tous ses confrères français, voire européens, pour trouver le protocole adéquat. En attendant, il faut hospitaliser Max dès lundi.

À partir de cet instant, c'est comme un grand voile noir devant mes yeux, je ne me souviens plus de la chronologie, je ne me souviens que d'instants terribles à affronter, que des éclats dans le corps. Autant de bouts de verre sur la chair à vif.

La puissance du déni est telle que j'espérais qu'on allait nous appeler, nous dire que c'était une erreur, j'étais prête à négocier avec Dieu, à promettre tout ce que l'on voudra, pour ne pas que cela recommence.

Il y a eu la famille à prévenir, leurs peines

redoublant la nôtre. Mais aussi ce formidable élan de solidarité : « On arrive, on va être là, à côté de vous. »

Il y a eu aussi cette séance de Guignol au jardin du Luxembourg, le dimanche matin. Elle était prévue, nous n'avons pas voulu l'annuler. Nous sommes assis au troisième rang, Max est captivé, nous avons le cœur perforé, le cœur trahi par cette maladie, qui vient à nouveau de planter ses crocs dans sa vie.

Je ne sais même plus comment on a annoncé à Max ce retour à l'hôpital.

Je nous revois, Gilles et moi, attendant devant la salle de réveil : on vient de lui poser à nouveau un cathéter. Il y a à peine sept mois, on le délivrait du précédent, notre joie alors, et maintenant notre désespérance, l'abîme sous nos pas.

Chantal, ma cousine, ma presque sœur, est là, elle me tient la main, m'insuffle de la force, un peu. Je suis un grand vide, pas un de ceux que l'on remplit, un vide sans fond.

Max est installé dans sa chambre, on vient de lui faire une ponction lombaire et une injection de chimio au même endroit, pour tenter d'endiguer au plus vite la rechute. Il est épuisé, absent, il supporte très mal cet assaut brutal de toxicité.

Je fonctionne au radar, je pare au plus pressé, j'organise la désorganisation. Mon travail prévu, celui de Gilles, il faut annuler, pas tout peut-être, de quoi va-t-on vivre, mais qui va garder Max ?

Je suis en sursis, les coups vont s'abattre sur ma tête, j'en pressens la violence. J'attends la sanction, le diagnostic exact, les chances de survie, de guérison, et le prix qu'il va falloir payer en supportant des traitements inhumains. Tant que le verdict n'a pas été prononcé, j'espère encore la clémence du ciel, un miracle. Et si c'était une petite rechute, un petit traitement serait peut-être suffisant ?

Nous sommes enfin convoqués Gilles et moi dans le bureau du professeur B. ainsi que le docteur N. qui suivra Max.

Le professeur a l'air grave, sombre. Heureusement le docteur N. commence :

— J'ai une bonne nouvelle, Max est déjà en rémission après une seule ponction.

Le professeur demeure aussi sombre et commence ses explications :

— Max fait une rechute méningée, isolée, c'est-à-dire qu'il n'y a pas d'atteinte dans la moelle osseuse.

— Comment peut-il faire une rechute dans un endroit où il n'y a jamais eu d'atteinte ? Il n'a jamais eu de cellules malignes dans le liquide céphalorachidien.

— Justement tout le problème est là, c'est difficilement explicable, très rare, ce qui limite le choix des protocoles adaptés à son cas, ils ne sont que cinq en Europe à avoir eu le même type de rechute. Nous avons décidé, après consultation de mes homologues des hôpitaux Trousseau et Saint-Louis, de choisir le protocole allemand, le plus récent, datant de janvier 2003.

« Voici en quoi il va consister. Le liquide céphalorachidien est un sanctuaire, il faut des doses de médicaments extrêmement massives pour atteindre les mauvaises cellules, et les détruire, du fait de la difficulté d'accès.

« Max va donc subir six cures de chimiothérapie très lourde, chacune d'entre elles contenant une dizaine de médicaments différents.

« Ces cures seront entrecoupées d'une ou deux semaines de repos, sans lesquelles il ne pourrait supporter la puissance du traitement.

« Ensuite, nous effectuerons un prélèvement de cellules souches en vue d'une autogreffe. Puis il subira une radiothérapie, qui consiste en une irradiation partielle au niveau du cerveau, suivie d'une irradiation corporelle totale sur plusieurs séances.

« Pour terminer, Max sera placé en chambre stérile, sous flux laminaire (« bulle » pour les grands), pour y recevoir la greffe de ses propres cellules souches. Son séjour en flux, que l'on appelle postgreffe, peut durer de trois à huit semaines, selon son aplasie médullaire.

« En fait, l'ensemble de son traitement va durer entre sept et huit mois.

« Il est également question, toujours en fonction des indications de ce protocole, de lui placer une sorte de petit réservoir sous le cerveau, pour faciliter et accélérer l'accès des médicaments vers leur cible. Mais nous en reparlerons ensemble ultérieurement.

Il termine, en prononçant la phrase qui, au cas où il nous serait resté une lueur d'optimisme, va nous achever, impitoyablement :

— Voilà, il faut faire tout cela, et nous ne sommes pas sûrs que cela marche…

À la limite de la désintégration, je demande :

— Il existe pire comme traitement ?

— Non.

J'essaye de me donner une contenance. Ce n'est pas de l'humour, juste une question pour ne pas hurler tout de suite, pour ne pas me jeter par la fenêtre.

Gilles et moi nous catapultons hors du bureau, terrassés par ce que nous venons d'entendre. Nous nous cognons aux murs qui nous entourent, comme deux chauves-souris cherchant une issue.

Nous sommes en apnée, au bord de la suffocation, il nous faut de l'air, vite, parce qu'il y a un petit garçon de quatre ans qui nous attend, trois portes plus loin.

Max, je n'ai pas le courage de te faire face, maintenant, avec ce que je viens d'apprendre. Il faut d'abord que je trouve une bouée, une lueur, pour mettre simplement un pied devant l'autre.

Ce que l'on vient de nous décrire, c'est l'horreur à l'état brut, chimio très lourde, irradiation, greffe, « et en plus on n'est pas sûr que ça marche ». Qui peut entendre cela, qui peut supporter cela, et comment fait-on, nous parents, pour trouver, au-delà de la souffrance annoncée, la force d'aller vers toi, de te sourire, pour que la peur ne t'atteigne pas ?

Où trouver la force d'accepter la défaite, de reprendre le combat avec des armes aussi dangereuses que la maladie qu'elles combattent, et le tout peut-être en vain ? Mais comment est-on censé faire ?

C'est à vous professeur B. que je m'adresse, vous qui nous avez tant aidés jusqu'ici, vous qui allez à nouveau tout mettre en œuvre pour sauver notre fils, mais qui cette fois avez oublié l'essentiel. Nous donner envie de nous battre, nous donner de l'espoir, puisque espoir il y a, sinon vous ne commenceriez pas un nouveau protocole.

Et, quand bien même l'espoir serait microscopique, c'est lui qu'il faut mettre en avant, c'est lui, et lui seul, qui peut nous aider. Ce n'est certainement pas la vision de l'échec possible, qui motive, pas plus nous que vous.

Il ne s'agit pas de nous mentir, mais de bien choisir ses mots, pour qu'ils deviennent nos alliés, non nos ennemis, pour qu'ils nous portent au lieu de nous hanter.

Heureusement, lorsque nous revenons vers sa chambre, il dort, assommé par les médicaments.

Gilles s'assied à côté de lui, et pleure doucement, la tête dans les mains.

Sa peine s'ajoute à ma déchirure, je vais dans le couloir, je voudrais être seule, c'est impossible, il n'y a pas d'endroit pour cela, j'échoue dans un recoin un peu à l'abri des regards.

Je suis au fond de l'abîme, je sais que je ne peux pas y rester, je cherche, je scrute, je ne vois rien pour me permettre d'en sortir.

Il y a des gens autour de moi qui tentent de me réconforter, rien ne m'atteint, c'est gentil, mais ce qu'ils disent ne sert à rien.

Je suis dans la vérité crue, la vérité qui lacère mes entrailles, quels mots de réconfort pourraient être dans cette exactitude de ma douleur ?

Et soudain le docteur M. D., qui était là depuis un petit moment, explose :

— Oh, et puis c'est quoi, sept mois dans la vie d'un enfant ?

Touché. Elle a trouvé, elle vient de me lancer la corde qui va me permettre de remonter du fond, de me relever.

Elle, dont j'ai si souvent trouvé les mots maladroits à mon égard, vient de trouver les mots exacts. Elle a placé la maladie de Max dans une durée, un temps donné, elle m'a permis par cette phrase de visualiser que, un jour, tout cela s'arrêterait, qu'il y avait un après possible, elle a projeté Max dans l'avenir, pour que le présent ne nous engloutisse pas. Elle lui a redonné sa condition d'enfant, de petit être à l'aube de tous les destins, dont la première étape est de sortir de cette maladie.

Par cette phrase, elle m'a insufflé la force de me battre encore, d'y croire encore.

« C'est quoi, sept mois dans la vie d'un enfant ? » Le docteur M. D. ignore certainement aujourd'hui que ces mots prononcés en désespoir de cause vont m'accompagner, tous les jours sans exception, pendant les mois terribles qui vont suivre. Chaque fois que la souffrance de Max deviendra intolérable, ces mots surgiront de ma mémoire, telles de petites sentinelles dressées devant le gouffre, m'exhortant à avancer, à tenir jusqu'à la ligne d'arrivée.

Quelques jours après, je dirai au professeur B. la détresse dans laquelle nous a plongés l'énoncé du protocole. Il persistera en disant qu'il ne peut se permettre de faire preuve d'optimisme devant une telle situation. Encore une fois, ce n'est pas ce que je lui demande. Qui peut prétendre ignorer la gravité d'une rechute et combien le mot guérison est rarement prononcé face au cancer ?

Il faudrait que nous soyons prodigieusement naïfs pour envisager une note d'optimisme devant le déluge de termes barbares employés.

Mais, quelle que soit l'issue du traitement qu'il propose, il va bien falloir le subir, et ce en accordant une certaine foi à ce que la médecine entreprend, sinon, c'est un combat perdu d'avance. C'est de cette foi qu'il nous a dépossédés, c'est cette foi que le docteur M. D., par une petite phrase d'espoir, a réanimée, ressuscitée en nous, pour livrer une guerre sans merci, dont ton petit corps, sera le champ de bataille, le territoire bombardé, martyrisé, saccagé, mini-« Hiroshima » de la médecine moderne.

Mais, sous les ruines de cette destruction programmée, ta vie va renaître. Elle doit renaître, je le sais, j'y crois parce que tu es mon fils, c'est tout.

Nous avons rebasculé en enfer.

Cela a pris dix secondes.

Dix secondes pour glisser du bonheur au malheur.

Un éclair et le noir qui nous avale. Un trou dans un livre d'images.

Les médecins nous ont prévenus :

— Votre fils sera en veilleuse pendant huit mois. Il sera très différent de celui que vous connaissez. De plus, vous ne pourrez quitter Paris pendant toute cette période, il sera trop mal en point.

L'enfermement à nouveau, à peine libéré.

Gilles supporte très mal l'aspect « rouleau compresseur » du traitement.

— Ils font n'importe quoi, ils ne savent pas, ils mettent un peu de tout en espérant que cela marche. C'est de l'acharnement thérapeutique.

— Non, Gilles, ne dis pas ça. L'acharnement, c'est quand il n'y a plus d'espoir et que l'on continue quand même. Tu condamnes Max en disant cela, tu n'as pas le droit.

Je garde toute confiance en le professeur B. et en son équipe, pour rien au monde je ne quitterais leur service.

La colère et le refus de Gilles devant la « barbarie » des traitements sont à l'aune de sa douleur et de son amour pour son fils. Petit à petit, il reprendra confiance et espoir en le protocole annoncé. Il n'a pas le choix, c'est ça ou rien…

Pour affronter une rechute, il n'est nul besoin de temps d'adaptation.

Nous venions à peine de quitter ce monde, le triste pli se reprend très vite. La grande difficulté, c'est d'admettre d'y être replongés immédiatement.

Insupportable idée qu'il faut tout recommencer. Que le mal est tenace, qu'il a refusé d'abdiquer, que l'on avait sous-estimé l'ennemi, que la volonté et la foi ne suffisent pas, pas forcément.

Il va falloir trouver un chemin, là où il semblerait qu'il n'y en ait plus aucun. Je suis contrainte, sommée d'avancer malgré la déchirure, avec la déchirure.

Je cherche un subterfuge, une feinte, je sais que je ne peux embrasser toute cette douleur d'un seul coup.

On nous a remis le papier du protocole, sorte d'échéancier du traitement, une série de cases austères nommées F1, F2, R1, R2, comme autant de calamités à traverser. Le tout écrit en anglais, il vaut mieux être bilingue lorsqu'on a une rechute rare. Le fait que le protocole n'ait pas encore été traduit et rédigé de façon plus explicite à l'attention des parents confirme sa très récente élaboration, source d'inquiétude supplémentaire si c'est encore possible.

Je tente sur mon agenda de maîtriser le temps, de cocher les semaines, les jours que va durer le traitement, c'est encore pire. Deux cent quarante jours de calvaire, au moins. Quand ses copains de l'école profiteront dans les squares des jours qui rallongent, il s'affaiblira au bout de sa perfusion, quand ils seront à la plage, Max sera irradié, brûlé de haut en bas, quand les mêmes feront leur rentrée scolaire avec leur nouveau cartable, il sera comme un gisant dans sa chambre stérile attendant que la vie veuille bien couler à nouveau dans ses veines.

Insoutenable.

Il va falloir avancer les yeux bandés, sans horizon, sans autre but que de décimer un à un les jours qui passent, simplement pour qu'ils passent. Le moins mal possible. Il faut les soustraire de cette improbable addition, mais qui donc tient les comptes ?

Fin mars 2004

Fin de la première cure

Je porte Max dans les bras pour rentrer à la maison, il me demande de m'arrêter chez l'épicier d'en face. Il veut que je le pose sur ses jambes pour entrer dans le magasin. Il se dirige d'un pas presque assuré vers la caisse et dit au gérant :

— J'ai quatre ans, j'ai une « leuquémie », je pourrais avoir un Kinder ?

Je ne m'attarderai pas sur l'air ébahi du commerçant, je règle les Kinder de Max derrière son dos et me retrouve avec lui sur le trottoir. Il est silencieux, tient précautionneusement ses œufs en chocolat, ce qui vient de se passer ne nécessite pour lui aucun commentaire.

C'est une évidence. Son évidence. Il a dit : « J'ai une leuquémie », comme il aurait dit « Je viens de gagner Waterloo », c'est une distinction, non une malédiction. C'est un guerrier qui vient réclamer ses prises de guerre. Avoir cette maladie lui confère, il le sent, une singularité et, à ce titre, si ce n'est des droits, du moins certaines faveurs.

Max, ton innocence m'émerveille autant qu'elle me tord le cœur. Tu renverses tout, transformes le sable en or. Au lieu de t'insurger contre tout ce dont la leucémie te prive, tu te réjouis des privilèges qu'elle semble t'accorder. Tu choisis le verre à moitié plein contre celui à moitié vide.

Cette forme de légèreté ne provient-elle que de l'inconscience inhérente à son jeune âge, ou est-ce déjà sa part de libre arbitre qui s'exerce ?

Quelque chose en moi croit qu'il décide de ces rires, de cet humour, il tire la langue à la fatalité. Il SAIT. Pas tout, mais un peu.

Et il choisit la gaieté comme riposte à l'injure qui lui est faite.

Sinon, comment expliquer que ses compagnons d'infortune ne reflètent pas tous cette joie, cet éblouissement permanent ?

Je ne le mets pas à part parce qu'il est mon fils, il se met à part tout seul parce qu'il est lui. Je n'y peux rien et n'y suis pour rien.

Son caractère d'exception semble faire sa force, si particulière au dire de ceux qui le connaissent.

« Il sera plus fort votre fils, plus mature avec tout ce qu'il vit. »

Je m'en fiche qu'il soit plus ceci, plus cela, j'aurais juste voulu qu'il reste un enfant.

Mais, puisqu'il te faut traverser cette apocalypse, je t'écris ces mots. Ces mots pour te dire mon amour de toi. Et mon admiration aussi. Pour tout ce à quoi tu consens, sans amertume, jamais.

Je suis terriblement fière d'être ta mère.

Je me demande comment j'ai pu fabriquer ce petit être si plein de ressources.

Au médecin anesthésiste qui te demande si tu as des frères et sœurs, tu réponds : « Non, on m'a fait né tout seul, je suis unique. »

Je confirme.

Quand je t'endors, le soir à l'hôpital, ma main dans la tienne, tu me chuchotes :

— Maman, quand la nuit sera couverte de jour, on rentrera à la maison ?

Unique et poète. Mon petit poète.

Début mai 2004

Fin de la troisième cure

Une fois de plus, Max supporte mieux les traitements que prévu et nous avons le droit de l'emmener dans notre maison à la campagne. Il l'appelle « la maison posée sur l'herbe ».

Cette maison, son père l'a achetée pour lui, pour qu'il profite le plus souvent possible du calme et du bon air. C'était juste avant sa rechute, nous n'avons pas eu le temps de l'aménager vraiment, peu importe, Max s'y sent chez lui, il y a déjà ses repères.

Il a la mine fatiguée, les cheveux clairsemés, mais son énergie est toujours là, surprenante parce que inattendue. Il joue, il court, il nous étonne, pour un enfant censé être l'ombre de lui-même, ils nous la recopieront la veilleuse…

Nous partons nous promener sur une petite route, il me cueille des marguerites, Gilles le porte sur ses épaules, il dit : « J'aime respirer l'air du ciel. »

La vie quoi. Une presque normalité. C'est le « presque » qui fait mal. Nous savons, Gilles et moi, que ce sont des moments volés et ça nous rend fous qu'il faille les voler, s'en contenter, s'en réjouir même.

Tu adores Gainsbourg, tu mets « Elisa », ta chanson préférée, et tu nous fais danser en nous entraînant dans une ronde. Nous rions tous les trois, et puis une larme roule sur la joue de Gilles. Nos deux cœurs qui vacillent. Pourquoi cela doit-il s'arrêter ? Pourquoi ce bonheur va-t-il être tranché net ?

Le dimanche soir, nous faisons les valises, retour vers Paris pour attaquer le lendemain une nouvelle chimio.

Tu fais le pitre dans le train, nous sommes écartelés entre ton bonheur immédiat et la douleur que l'on sait à venir.

Une nuit à maudire cette vie qui reprend tout ce qu'elle donne, cette vie dans laquelle tu ne peux être que par effraction, en arrachant, par ta volonté seule, des lambeaux de félicité, de petits bonheurs.

Une nuit à te regarder dormir, dans ton sommeil d'enfant paisible. Apprendre à pleurer sans faire de bruit, parce que, demain, c'est l'hôpital à nouveau, parce que tu n'as pas dit non lorsqu'on t'a dit qu'il fallait y retourner. Oh ! Max que c'est dur !

Quand auras-tu un permis de séjour définitif ?

Mai 2004

Quatrième cure

Nous découvrons la nouvelle chambre qui est octroyée à Max selon les disponibilités du service. Et là, oh ! surprise ! c'est une chambre à deux lits. Je connaissais son existence comme lieu de dépannage pour vingt-quatre heures, mais il ne me serait jamais venu à l'idée que l'on puisse la proposer pour subir une cure de chimiothérapie. Une appendicite, oui, mais pas une chimio, traitement réputé pour sa mise à mal du corps humain.

Une chambre individuelle n'est pas une question de luxe, mais de décence, pour permettre au patient d'être à l'abri du regard des autres, de décider de ses temps de repos, de somnolence, d'abandon, de douleur, de rage.

Une chambre individuelle pour garder sa dignité, même à quatre ans.

Cette fois-ci, il faudra faire sans, il nous faudra encore apprendre cela, cette absence d'égard. Je sais bien qu'à Necker, les médecins n'y sont pour rien. Je sais qu'il y a un peu plus loin dans le service une série de lits vides, mais pas assez d'infirmières pour pouvoir s'occuper des enfants, je sais cela. Et alors, ces raisons sont-elles censées apaiser ma colère ? Max va-t-il mieux vivre cette promiscuité sous prétexte que ce n'est la faute de personne ?

Je ne décolère pas et, puisqu'il vaut mieux s'adresser au bon Dieu qu'à ses saints, je m'adresse à Madame la présidente de la République, profitant qu'elle me soit présentée lors d'un festival de théâtre.

Elle est la personne la mieux placée puisqu'elle est directrice de l'Assistance publique. Je lui résume, brièvement, les lits vides faute d'infirmières et les enfants entassés dans une même chambre, mon enfant en l'occurrence.

— C'est impossible, me répond-elle un peu gênée par cet assaut assez inopiné.

Évidemment, ce n'est pas le bon endroit pour lui adresser pareille requête, pas le bon moment, c'est même sûrement très maladroit, voire déplacé, mais je n'ai pas le temps d'être une fine stratège, je me bats pour que mon fils affronte ses traitements dans les meilleures conditions possibles, sa survie en dépend.

— Si, madame, c'est possible, je le vis tous les jours en immunologie dans le service du professeur F.

— Ah ! Le professeur F., nous allons peut-être lui donner le prix Nobel.

— Donnez-lui tous les prix que vous voulez, mais surtout donnez-lui les infirmières qu'il réclame… je vous en prie.

— Bien, bien, Jean, mon conseiller, va vous donner sa carte, écrivez-nous…

Non, madame, je ne vous écrirai pas, je vous ai dit clairement qu'en 2004, à Paris, à Necker, hôpital des Enfants-Malades, dans le service qui traite les enfants atteints de leucémie et de déficiences immunitaires, il manquait cruellement d'infirmières. Que peut-être, si on les rémunérait un peu plus qu'en maternité parce que c'est moins gai, il faut bien le dire, on compenserait des conditions morales de travail extrêmement difficiles, on les inciterait à venir et surtout à rester dans ce service.

Que dois-je vous écrire de plus ? Si vous ne pouvez rien faire, alors qui le peut ?

Cela m'apprendra à vouloir penser que l'on pouvait changer les choses. Vous, madame la présidente qui avez tant fait pour les enfants, vous auriez pu. Il eût fallu pour cela, que vous mettiez un visage sur mes paroles, juste un visage d'enfant.

Max partage sa chambre avec A., petit garçon de dix ans, entièrement livré à lui-même, ses parents ne pouvant s'absenter de leur travail et devant, le soir, s'occuper du reste de la fratrie. A. s'ennuie, passe son temps à entrer et sortir de la chambre, joue à des jeux vidéo bruyants, ne veut pas se coucher le soir, allume sa Gameboy aux aurores, est récalcitrant à toutes formes de soins, ce qui suscite de constantes négociations avec les infirmières. Bref, un enfant de dix ans, seul.

Sauf que je suis à deux doigts de l'étrangler.

Telle une chatte, je protège mon petit et suis prête à attaquer quiconque le menace et A., par son comportement, par sa présence même, perturbe le calme dont Max a impérativement besoin pour supporter la nocivité de son traitement. Certains enfants n'ont pas survécu au traitement même, je ne l'apprendrai qu'après, mais j'ai bien saisi qu'il ne s'agissait pas d'une thalasso.

Alors, quand A. rentre en faisant du bruit dans la chambre, allume la télé alors que cela fait une heure que l'on essaye d'endormir Max pour le soulager de sa douleur, oui, je persiste, j'ai vraiment envie de l'étrangler.

En plus le petit A. est noir. Je frôle le racisme avec des pensées extrêmement peu charitables : « Ses parents pourraient quand même s'en occuper, il est très mal élevé... Pourquoi viennent-ils à quinze lui rendre visite, c'est une chambre d'hôpital, pas une salle des fêtes pour un baptême... » Il serait blanc, cela serait pareil, mais je ne sais pas pourquoi, cela m'énerve encore plus qu'il soit noir. J'atteins des sommets d'intolérance. Non seulement la souffrance ne me grandit pas, mais elle me rapetisse.

Pour couronner le tout, Max me confie qu'il a peur de A. la nuit : « Dans le noir, je ne vois que ses yeux ! »

Heureusement, un côté un peu plus présentable de ma nature reprend le dessus et je tente une cohabitation plus heureuse. Je lui apporte les mêmes repas faits maison que pour mon fils, lançant un retentissant : « Room Service ! » Toute personne venant voir Max avec un cadeau est prié d'en prévoir un pour A., si possible en rapport avec le foot, et, le soir, au moment du coucher, je fais le clown pour les faire rire tous les deux.

Un soir, le père et la mère de A. sont là, et nous nous jetons dans une partie de lancer de peluches que gagne petit à petit un fou rire général. Un beau, un bon, un magnifique fou rire aux larmes, qui rassemble toutes les différences.

Pour conclure, Max me dit :

— Maman, j'aimerais que tu t'habilles comme la maman de A., avec des boubous de toutes les couleurs.

— Je vais faire un effort, mon amour mais cela ne va pas être facile.

En hiver, je ne prends pas de risque, je m'habille en noir, en été, j'opère un virage à cent quatre-vingts et je passe au blanc, et parfois, sur un coup de folie, je joue mon va-tout et je mets du lin beige… !

Un des effets secondaires du traitement tant redouté, les mucites, s'est déclaré. Il s'agit d'une inflammation des muqueuses de la bouche et de l'intestin provoquée par la chimiothérapie.

Ce n'est qu'euphémisme de dire que c'est douloureux : Max a la bouche en sang. Comme si cela ne suffisait pas, il faut lui badigeonner régulièrement l'intérieur de celle-ci avec un coton-tige imbibé d'alcool afin d'éviter une aggravation inéluctable. Geste médical indispensable mais d'une rare cruauté pour nous. Il faut lui faire mal, encore plus mal.

On peut imaginer l'effet irritant de l'alcool frotté sur une chair à vif. Nous nous chargeons de ce geste, espérant par nos paroles en atténuer la souffrance.

Peine perdue. Max souffre le martyre, ne peut plus manger, déglutir, il ne peut plus parler tellement sa bouche et sa gorge le torturent.

Nous convenons d'un accord. Lorsque la douleur lui devient insupportable, il montre la pompe d'analgésique et nous sonnons l'infirmière pour qu'elle lui redonne de la morphine.

Nous appuyons sur la sonnette et nous attendons.

Nous attendons que l'infirmière arrive.

Mais l'infirmière finit les soins dans une autre chambre et peut prendre du temps pour arriver. Cinq minutes, parfois plus. Pour nous c'est une éternité, la perception du temps n'est pas la même, nous n'avons été qu'attente.

Pour nous, ce sont les yeux de notre fils qui implorent en silence que sa peine cesse, que vienne la délivrance par les calmants. C'est son corps qui se cabre de colère parce qu'il a mal et que c'est trop long d'attendre.

C'est moi qui me précipite dans le couloir. « Je vais chercher l'infirmière mon amour, ne t'inquiète pas. » Rester immobile à le regarder souffrir, c'est au-delà de mes capacités, cela m'est impossible.

Évidemment, cela ne sert à rien d'aller la chercher dans le couloir, elle est occupée sinon elle serait déjà venue. Je reviens bredouille dans la chambre, cela énerve Max encore plus, moi aussi, « mais qu'est-ce qu'elle fait ? ». Je sens la rage monter en moi, la rage contre l'attente, contre l'infirmière qui n'apparaît pas instantanément quand on l'appelle, telle Mary Poppins avec une seringue.

Je sens la révolte gronder dans ma poitrine, elle enfle, elle va tout dévaster, je vais être insupportable, agressive parce que l'on va encore m'opposer la raison à la douleur.

— Elles ne peuvent pas faire plus vite, elles doivent s'occuper de plusieurs enfants, vous comprenez ?

— Je comprends, mais je m'en fous. Je veux que mon fils arrête de souffrir, là tout de suite. Ma supplique n'est pas négociable, je suis capable de tout casser s'il continue de gémir et que personne ne le soulage.

Je suis étourdie de fureur contenue, cela ne mène à rien, mais je ne veux être menée nulle part, j'explose de tous mes refus, c'est tout.

Ce que ressent mon fils, je le ressens au centuple, je ne veux plus comprendre, je veux juste voir son petit visage s'apaiser et cela je l'exige parce que je suis sa mère.

L'infirmière arrive enfin, lui fait une injection, ses traits se détendent enfin, la douleur s'en va, mon cœur cesse de tambouriner, je me calme, la tempête s'éloigne.

Je serai jugée pour mes emportements, pour mon inaptitude à supporter sa souffrance, qu'importe. Je mets la même rage à vouloir lui éviter l'inévitable, qu'à le sortir des serres de cette maladie. J'aimerais la prochaine fois garder mon calme. C'est oublier la douleur qui encore me fera dévier.

Comment font les autres parents pour être si discrets, si dignes ?

Dans ce service, chaque enfant derrière sa porte vitrée a son histoire.

Au début, j'évite de regarder dans les chambres voisines, par pudeur et par peur aussi. Peur des drames qui s'y jouent, des vies abîmées, des visages d'enfants déjà vieux, meurtris par d'innombrables maux.

L'équipe médicale nous a conseillé de rester à l'écart des autres parents, aucune maladie n'étant semblable, toute idée de comparaison engendrerait d'inutiles tourments.

À la première longue hospitalisation de

Max, nous sommes restés isolés, nous protégeant ainsi des autres. Nous ne nous faisions pas assez confiance pour supporter notre croix et compatir à celle d'autrui.

Mais, cette fois-ci, une sorte de solidarité s'installe entre certains d'entre nous.

Nous devenons proches des parents de Y. petit garçon de dix mois atteint depuis sa naissance d'une déficience immunitaire, qui ne pourra survivre que grâce à une greffe de moelle osseuse. C'est ce que l'on appelle une maladie orpheline, premier cas en France, sans traitement reconnu. On en viendrait presque à se réjouir que Max ait une leucémie, pathologie connue, trop connue, pour laquelle il existe des protocoles établis. L'absurdité nous rattrape pour arriver à penser cela et, pourtant, c'est l'impitoyable réalité.

Le petit Y. n'est pas le seul, le service du professeur F., grand spécialiste des greffes de moelle osseuse, accueille beaucoup de ces cas rares, comme autant de causes perdues, pour lesquels il tente l'impossible, repoussant sans cesse les limites de la médecine.

Nous retrouvons souvent le père de Y. sur le banc devant la porte 19, point de ralliement souvent silencieux des parents de ce service d'immunologie. Un langage muet s'instaure entre nous tous. On se salue furtivement et, selon les bonnes ou les mauvaises nouvelles, on se parle ou l'on passe son chemin sans insister.

Bien sûr, il serait plus confortable, plus tranquillisant de ne pas se laisser approcher par la peine des autres.

C'est oublier les humains que nous sommes, la force de la fraternité devant l'adversité, l'envie de serrer contre soi celui dont l'enfant vient de s'éteindre, de redonner de l'espoir à celui qui n'en a plus, c'est oublier que nous sommes des frères, au-delà de nos différences.

Frères d'un moment parce qu'une autorité maléfique s'est arrogé le droit impensable de disposer de la vie de nos enfants. Chacun d'entre nous veut réchapper de la malédiction et ce sont nos efforts sans cesse réitérés pour nous en affranchir qui nous unissent.

Mais l'humain n'est qu'humain, il faut prendre garde à ne pas sombrer avec la détresse des autres, pis, il m'est arrivé de compatir à la souffrance d'autrui, en me réjouissant dans le même temps de ne pas subir, moi, la même souffrance. Cette dualité n'est pas indigne, elle me constitue en tant qu'entité.

Être pleinement là avec l'autre, et immédiatement ailleurs avec soi.

Ainsi survivons-nous sans doute.

28 juillet 2004

Fin des six cures de chimiothérapie

Direction l'institut Curie pour préparer le prélèvement des cellules souches. Cet institut est un des bastions de la cancérologie et nous appréhendons un peu cette incursion dans un nouvel univers hospitalier.

L'accueil est très chaleureux. Une doctoresse nous explique en quoi consiste ce prélèvement, appelé « cytaphérèse ».

Ensuite, à l'aide d'un petit film, elle décrit à Max avec beaucoup de gentillesse ce que l'on va lui faire et pourquoi on le lui fait. Elle lui témoigne infiniment d'égards, de douceur, il lui importe qu'il comprenne et qu'il soit d'accord, on sent un profond respect pour l'enfant qu'il est.

Nous rencontrons le docteur M., responsable de cette unité de pédiatrie.

— Dis donc, Max, tu as des superbes chaussures, j'aimerais bien avoir les mêmes.

Une sympathie et une confiance immédiates s'instaurent entre lui et nous, cela aura pris cinq secondes. Sympathie décuplée lorsqu'il nous annonce qu'il pense pouvoir épargner à Max la prochaine chimiothérapie prévue.

— Si je m'en réfère aux bilans sanguins actuels, nous devrions trouver suffisamment de cellules souches à condition de lui faire, à domicile, une injection par jour de facteur de croissance. Cela devrait suffire et lui évitera une hospitalisation de quatre jours.

Suis-je en train de rêver ? Quelqu'un, habillé en blouse blanche, me propose une remise de peine sur un protocole que je croyais intouchable.

Une onde de joie nous envahit, je pourrais embrasser ce médecin, lui ériger une statue, là, tout de suite pour le remercier.

Je l'interroge pour être sûre de l'avoir bien compris.

— Cela veut dire que l'on peut partir quatre jours avec Max en vacances ?

— Du moment que vous lui faites ses injections quotidiennes, oui, vous pouvez partir jusqu'au prélèvement de cellules.

Quatre jours, une éternité pour nous dans ce contexte. Je décide d'emmener Max en Normandie dans la propriété familiale où sont réunies ses cousines qu'il adore. Je veux le meilleur pour lui pendant ces quelques jours, qu'il se régale, qu'il se remplisse d'enchantements, mon petit voleur de bonheurs.

Le docteur M. m'a délivré une ordonnance pour me procurer les fameux facteurs de croissance. Une exigence survient, incontournable : les ampoules doivent constamment rester au froid. Me voilà donc en quête d'une glacière pour transporter les médicaments jusqu'en Normandie. Il y en a qui mettent des œufs durs et du jambon dans leur glacière de pique-nique, moi, je mets des facteurs de croissance…

Le Grais, propriété familiale en Normandie

Quatre jours de douceur au milieu d'une famille formidable, toute de réconfort et de tendresse partagée. Le goût unique des vacances de mon enfance, Max qui met ses pas dans les miens. La force tranquille des générations qui se succèdent en se tenant la main rejaillit certainement sur lui.

J'aime l'idée que mon fils reprenne des forces là où se trouve l'origine de sa vie, que nos enfances s'entremêlent et s'enrichissent du même suc.

L'heure de la baignade dans l'étang, les enfants qui s'éclaboussent en riant. Max, avec son cathéter et sa crème anesthésiante sur la cuisse pour la piqûre à venir, ne peut guère en profiter, qu'importe, nous sommes là, heureux quand même.

Jusqu'à ce que se profile sur le chemin la petite voiture bleue de l'infirmier.

Cruel rappel à l'ordre de ta différence, tes épaules qui tressaillent sous mes mains au bruit des roues sur les graviers, tu as compris, tu remets tes sandales, tu prends ma main et nous marchons bravement jusqu'à la maison.

Tu sembles te rendre, tu ne t'en débattras que plus, ta rébellion me rassure.

Je ne supporterai jamais de te voir résigné, ce serait ma plus grande douleur que tu te rendes un jour sans condition.

Tes cris disent ta force, disent que tu es en vie, tellement en vie.

Curie, la cytaphérèse

Max est allongé les bras en croix, une machine gigantesque derrière lui.

Dans chaque bras, on lui a posé un cathlon, sorte de petite seringue permettant de le perfuser sur une longue durée.

L'opération consiste à prélever son sang par son bras gauche, l'envoyer dans la machine qui trie et prélève au passage les cellules souches pour le lui rendre ensuite par le bras droit. Ce sont ces cellules souches qui permettront lors de l'autogreffe, de réalimenter sa moelle osseuse et de la faire redémarrer.

En clair, ces cellules qui vont être stockées

dans un petit frigo en attendant le jour J. vont lui permettre de vivre, de continuer à vivre.

C'est un système extrêmement sophistiqué, très impressionnant, nécessitant une attention drastique pendant tout le déroulement de l'opération. La doctoresse a les yeux rivés sur la machine, elle note constamment les paramètres, c'est loin d'être anodin, Max est sous haute surveillance, il ne faut pas qu'il y ait trop ou pas assez d'oxygène dans le sang, je ne comprends pas tout, mais je suis soulagée lorsque, au bout de quatre heures, cela s'arrête.

Devant tant de prouesses techniques, je ne peux m'empêcher de me demander si c'est la maladie qui fait avancer la médecine ou la médecine qui fait avancer la maladie. Il me semble que plus la médecine devient performante, plus la maladie devient perverse multipliant les maux, proliférant de façon de plus en plus sournoise, peste moderne étendant son territoire comme pour ne pas se laisser distancer.

Le lendemain

C'est la tournée des hôpitaux. Si ça continue, je vais pouvoir en faire un guide Michelin.

Nous avons rendez-vous aujourd'hui à l'hôpital Saint-Louis pour préparer la radiothérapie de Max.

Sentiment de mal- être dans ce gigantesque hall, une foule bigarrée, moitié en pyjama, moitié habillée, semble s'agiter dans toutes les directions. Je pense à un asile de fous.

Nous finissons, après moult fausses pistes, par trouver notre lieu de rendez-vous dans un énième sous-sol. Il s'agit d'un minuscule bureau, plus proche du cagibi, où un interne (encore un) nous accueille un peu mal à l'aise.

Nous nous asseyons en face de lui, Max sur mes genoux.

— Bon, à part la stérilité définitive et irréversible, vous a-t-on expliqué les effets secondaires de la radiothérapie, comme une très forte perturbation dans sa croissance à venir entre autres ?

Max est assis à un mètre de lui, ce n'est pas un pot de fleurs, il n'a pas l'air autiste, comment peut-il parler comme cela devant lui ?

De plus, nous apprenons d'une façon on ne peut plus brutale que Max n'aura jamais d'enfant, que je ne serai jamais grand-mère et qu'il n'est pas certain qu'il continue à grandir !

Je n'ai même pas le temps de m'offusquer, l'interne continue, de plus en plus mal à l'aise :

— Il y a un problème, votre fils n'est pas inscrit sur notre liste. Il doit s'agir d'un oubli.

Un oubli ? Comment ça un oubli ? Vous vous fichez de moi ? Ce n'est pas un rappel de tétanos, il y a six mois de destruction massive de son organisme, de conditionnement extrêmement nocif, bref de cauchemar absolu et vous me dites platement que Saint-Louis a oublié de l'inscrire ?

Le pauvre interne se décompose littéralement devant nous, si cela continue, c'est nous qui allons le réanimer, il nous raccompagne à la porte, en nous tenant les mains.

— Je suis désolé, je ne savais pas qu'on ne vous avait rien dit pour la stérilité, je suis désolé…

Pas autant que nous.

Nous nous ruons sur un téléphone pour prévenir notre médecin de Necker. Elle est aussi atterrée que nous. C'est évidemment très grave, si on ne trouve pas en urgence un hôpital qui accepte de nous prendre, il faudra recommencer la chimio jusqu'à ce qu'une place se libère.

Cela dépasse l'acceptable, « l'entendable ».

La place, on va te la trouver, mon amour je te le jure.

Notre médecin nous demande si on est prêts à aller en province. Oui, n'importe où, pourvu que cela ait lieu en temps et en heure, comme prévu. Il n'est pas question, parce qu'un inconscient a oublié ton nom, que l'on te supplicie gratuitement un peu plus.

Le docteur N. va se démener jour et nuit pour trouver un hôpital susceptible de nous accueillir en urgence. Sa tâche est d'autant plus difficile que très peu d'hôpitaux sont pourvus d'équipement pour effectuer une TBI, « *total body irradiation* ».

C'est finalement l'institut Gustave-Roussy de Villejuif qui donnera son accord.

Je me sens rassurée, Villejuif étant la référence en matière de cancérologie, c'est un peu comme si nous avions obtenu le meilleur lieu pour un traitement si redoutable.

C'est pourtant de ce lieu que je ressortirai le plus traumatisée par la proximité de la mort entrevue.

Août 2004

Villejuif, institut Gustave-Roussy

Une nuit d'angoisse à essayer d'imaginer ce que va être la radiothérapie sur un petit corps comme le tien.

Huit heures et demie du matin, nous sommes prêts à partir, le taxi nous attend devant la porte, nous sommes malades à l'idée de ce qu'on va faire à Max.

Le téléphone sonne, une voix de femme :

— Oui, bonjour, c'est Villejuif, qu'est-ce que vous faites, cela fait une heure que l'on vous attend.

— Quoi, on nous a dit neuf heures et demie ?

— Non, c'était huit heures et demie, vous nous avez fait perdre une heure, on aurait pu prendre d'autres patients, c'est déplorable.

— Nous sommes désolés…

— Venez demain matin à huit heures. Si vous êtes en retard, on ne vous prendra pas. Au revoir.

Nous sommes tous les trois au milieu de l'entrée, figés.

Tu demandes : « Alors on va la faire cette photo, les parents ? »

« Faire une photo », c'est tout ce que nous avons trouvé d'assez doux pour lui expliquer la journée à venir.

Nous sommes consternés. Comment se fait-il que l'on n'ait pas eu le bon horaire ?

Pourquoi cette femme nous a-t-elle parlé aussi sèchement ?

Que s'est-elle imaginé, qu'on avait été danser toute la nuit et que l'on n'avait pas entendu le réveil ?

Sait-elle que nous sommes pétrifiés par le mot irradiation, qui plus est au cerveau ?

Que pour nous, simples parents ignorants, c'est une sorte de Tchernobyl sur la tête de Max, qu'on va le soigner lui, avec ce qui en a détruit d'autres ?

Sait-elle que nous n'avons pas fermé l'œil de la nuit, regardant les heures s'écouler sur la tête encore intacte de notre fils ?

Elle le sait sûrement, mais elle a dû oublier à force d'habitude.

Mais nous, nous ne nous habituerons jamais.

Le lendemain matin, nous arrivons une heure à l'avance, terrorisés à l'idée d'être en retard.

Villejuif, gigantesque complexe hospitalier, impressionnant.

On nous dirige vers un sous-sol, comment pourrait-il en être autrement, on enterre ce qui est dangereux, nous essayons de nous repérer dans ce vaste dédale de couloirs fléchés avec des noms aussi encourageants que Variant, Radium, etc.

Max, lui, est content, il y a plein de jeux, un camion à pédales, « on va faire la course, les parents », nous le poursuivons dans les couloirs déserts, il pédale comme un fou, hilare parce qu'il va plus vite que nous, et puis surgit un médecin :

— Vous êtes les parents de Max ? Suivez-moi.

Moi, déjà agacée par son ton glacial :

— On veut bien vous suivre mais qui êtes-vous ?

— Docteur G., radiothérapeute.

Nous entrons dans un minuscule bureau, nous nous asseyons en face de lui.

— Vous avez raté votre rendez-vous hier, j'ai très peu de temps à vous consacrer. Vous avez des questions ?

— Oui, qu'allez-vous faire exactement à notre fils ?

— On ne vous a pas expliqué ?

— Non, on sait qu'il va subir une radiothérapie du cerveau, mais vous êtes le mieux placé pour nous expliquer précisément en quoi cela consiste.

— On va lui envoyer huit greys.

— C'est quoi des « greys » ?

— C'est une mesure de la puissance des rayons. Désolé, je n'ai pas plus de temps à vous consacrer, si vous étiez venus hier…

Il commence sérieusement à m'énerver avec son « hier ». Parce qu'il y a eu un malentendu sur les horaires, cela l'autorise à être odieux, à parler devant Max comme s'il n'existait pas, à oublier les raisons douloureuses pour lesquelles nous nous retrouvons devant lui ?

Gilles me regarde, m'implorant silencieusement de rester calme, nous sommes obligés de lui confier notre fils, il ne faut pas se le mettre à dos, voilà le raisonnement auquel nous en sommes réduits, supporter son inhumanité pour ne pas que cela retombe sur Max. On aurait tellement aimé qu'il nous explique avec un minimum de gentillesse ce qu'il allait lui faire, qu'il nous rassure un peu en nous disant que ça allait bien se passer, que Max n'allait pas souffrir, qu'il dise n'importe quoi pour que l'on ait moins peur. Juste un peu d'humanité. Non, il restera de marbre, indifférent à notre détresse.

On emmène Max dans la salle des rayons, Gilles reste le plus longtemps possible avec lui et puis il doit sortir aussi, on l'endort pour qu'il ne bouge pas, il est si petit… oh ! mon amour.

Maxou, comment a-t-on pu rêver du meilleur pour toi et se retrouver ton père et moi fixant la double porte battante derrière laquelle tu subis l'irréparable ?

Quels dégâts va-t-on commettre sur ton cerveau, vas-tu nous reconnaître quand tu vas te réveiller, nous ne savons rien de ce que l'on te fait, si ce n'est qu'il faut irradier le liquide rachidien et que ton cerveau est au milieu de la cible ?

Je fais les cent pas devant la porte du bureau, attenant à la salle des rayons. Je les vois, à travers la vitre lui envoyer leurs fameux « greys », je sais que c'est pour le sauver mais j'ai trop mal pour son petit corps, je n'en peux plus, j'ai envie d'ouvrir la porte, de le prendre dans mes bras et que l'on s'enfuie loin de ce supplice.

On te rend enfin à nous, tu es assommé, je te serre contre moi, tu as l'air normal, tu dois rester sous surveillance toute la matinée, nous montons au neuvième étage en pédiatrie.

Tu te remets doucement devant un dessin animé, Gilles et moi te scrutons, guettons ce qui pourrait être différent chez toi, mais non, rien, tu es le même, les séquelles ne sont pas visibles.

Pour l'instant, cela nous rassure.

C'est la fin de la troisième séance, il se met soudain à avoir de la fièvre.

Branle-bas de combat général, on lui administre un antibiotique et on le rapatrie à Necker en ambulance.

Il est hospitalisé en déambulatoire, le docteur O. m'explique la suite des festivités.

— Max a une petite inflammation aux poumons, il faut arrêter la radiothérapie pour le guérir de son infection. J'ai vu avec Villejuif, on ne fera pas la quatrième séance au cerveau, cela ne change pas grand-chose…

— Si cela ne change pas grand-chose, pourquoi était-elle programmée, alors ?

— C'est difficile de vous expliquer…

Je n'ai même plus envie de comprendre.

Si trois séances en valent quatre, c'est toute la crédibilité de la stratégie médicale qui, pour moi, est remise en cause.

— Max va rester cinq à six jours sous perfusion d'antibiotique à Necker, ce qui va décaler d'autant son hospitalisation en chambre stérile à Villejuif pour l'irradiation totale, et donc son autogreffe. Nous ne pouvons pas prendre le risque qu'il ait la moindre infection, il ne sera plus, après, en mesure de s'en débarrasser tout seul.

Cette fois-ci, j'ai parfaitement compris ce que l'on me dit. Je m'effondre, j'atteins un seuil d'attente, de tension qui, à cet instant-là, me paraît insurmontable. Je ne vois plus comment venir à bout de cette éternité de jours, j'ai le désir d'une trêve, d'un profond sommeil, cela m'est proprement insupportable, cette façon d'être exposée toujours, à la merci d'un changement, qui peut bousculer mes repères si fragiles.

Hospitalisation en unité stérile à Villejuif

Les enfants sont au neuvième et dernier étage, comme si la proximité des cieux devaient les protéger.

Seulement, pour accéder au neuvième, il faut affronter les huit étages précédents, comme autant de paliers vers l'enfer.

Déjà dans le hall, il y a cette absence récurrente de cheveux, stigmate extérieur qui désigne les malades, fleur de lis tatouée au grand jour, impudique parce qu'elle révèle aux autres ce qui devrait n'appartenir qu'à nous.

J'ai le vertige devant ce rassemblement de tant de douleur, cette multitude de visages marqués par la maladie. Cela m'est une violence que l'on soit tous réunis au même endroit, dans une sorte de getto où le cancer serait notre étoile jaune.

L'institut Gustave-Roussy, ce sont mes peurs mises à nu, le sentiment de la finitude.

Ce sont aussi mes propres craintes qui se dévoilent, lorsque, prenant l'ascenseur pour retrouver Max au neuvième, je redoute chaque arrêt ; chaque ouverture de porte m'oblige à affronter de plein fouet, à travers mes semblables, toutes les déclinaisons inexorables de sa maladie.

À l'étage des enfants, de grandes fresques peintes, des fauteuils multicolores, des jouets redonnent de la couleur, de la lumière à ce monde qui semblait en être privé. On retrouve auprès du personnel médical qui s'occupe des enfants douceur et compréhension, tout est fait pour nous aider à faire face.

Pourquoi les étages du dessous sont-ils si gris, si sinistres, dans une sorte d'abandon ?

Sommes-nous moins vulnérables au mal

et à ce qui nous entoure parce que nous sommes adultes ?

Max est installé dans un bloc de quatre chambres stériles, quatre enfants aux destins scellés par la même injustice.

Nous entamons le processus de conditionnement de son organisme. Il ne peut manger que des aliments sous emballage, nous devons désinfecter tout ce qui rentre dans sa chambre, repasser avec un fer chaque page des livres que nous lui apportons, heureusement qu'il ne lit pas encore de « Pléiade »...

Fidèle à lui-même, rien ne le surprend, rien ne semble le contraindre, il est la bonne humeur incarnée. Il veut essayer une chaise percée, on l'y installe avec précaution pour ne pas tirer sur les perfusions et puis, catastrophe, la chaise a des roulettes et il part tout seul à l'autre bout de la chambre. Il éclate de rire, nous aussi, il s'exclame :

— Depuis que je suis né, vous ne vous ennuyez pas, les parents !

C'est assez bien résumé, mon amour, et je vais même te faire une confidence, on prendrait bien un peu d'ennui, là, pour changer, juste pour voir à quoi cela ressemble…

Premier matin de l'irradiation totale

Nous sommes là avant que tu ne te réveilles.

Tu ouvres un œil, tu nous vois. Tu t'étires : « Hum, j'ai bien dormi ! »

Tu es bien le seul…

Nous te descendons au sous-sol avec un brancardier, à nouveau la salle des rayons et toujours aussi peu d'humanité, pas une seule parole pour nous réconforter, pas une.

À nouveau l'attente, les yeux rivés vers la porte et l'angoisse qui nous comprime le cœur.

Et puis soudain, le docteur G., le radiothérapeute, sort, l'air tendu, pas un regard vers nous, revient trois minutes après avec une brochure rose sous le bras, toujours pas un regard, pas un mot pour nous.

Pourquoi a-t-il l'air si soucieux, c'est quoi cette brochure, il a perdu le mode d'emploi ?

C'est notre fils qui est à l'intérieur, comment peut-on attendre sans savoir ce qui se passe ?

Le problème, nous l'apprendrons plus tard, c'est que Max est trop petit, il n'y pas sur son corps, la place de mettre les électrodes, les cibles pour les rayons, le bouclier qui protège les poumons... Vraiment, si on avait su que cela poserait tant de problèmes, docteur, on aurait volontiers attendu qu'il ait dix-huit ans et mesure un mètre quatre-vingt-cinq pour le faire irradier.

Max sort enfin, il ne va pas bien, il vomit sans arrêt, mon pauvre amour, on l'emmène en salle de réveil, trois étages plus haut. On le met dans un coin sur son brancard, il continue de vomir, personne ne s'occupe vraiment de nous, nous improvisons, effarés par son état.

Nous sommes dans une salle de réveil pour adultes, totalement inadaptée pour un enfant au vu des gémissements, des râles, de la difficulté de certains patients à émerger des limbes. J'estime inadmissible qu'on lui inflige cela après ce qu'il vient de supporter, comme si l'irradiation n'était pas suffisamment traumatisante.

Max a peur, son père et moi le protégeons comme nous pouvons, je fais un paravent avec mon corps pour le cacher des autres, je lui bouche les oreilles pour que les plaintes avoisinantes ne l'effrayent pas, comment ose-t-on lui imposer pareille promiscuité, nous tentons de l'éloigner vers le couloir, pas question, personne ne s'occupe de lui, mais il faut quand même rester là.

Scandaleux, je n'ai pas d'autre terme.

On peut enfin remonter vers un monde plus clément, sa petite chambre fait figure de havre de paix.

Ses nausées cessent enfin, nous inventons des nouveaux jeux pour l'occuper.

Sa grand-mère prend le relais, elle l'aime tellement, elle ferait n'importe quoi pour lui. Il n'a le droit qu'à deux visiteurs à la fois, nous en profitons pour nous aérer, reprendre un peu de souffle à l'extérieur.

Comme nous voulons être constamment à côté de lui, j'ai loué une chambre dans l'hôtel le plus proche de l'institut Gustave-Roussy.

Un jour, à la recherche d'un peu de solitude, je m'aventure derrière l'institut, dans un petit jardin en quête d'un banc pour me poser.

Soudain devant moi apparaît une image impossible, une juxtaposition indécente : d'un côté la terrasse avec piscine de l'hôtel Mercure-Forest Hill, où d'aucuns se prélassent sur leurs transats en sirotant un verre, avec pour seul tracas immédiat l'obtention d'un joli bronzage, de l'autre, les malades enchaînés à leur perfusion qui luttent simplement pour rester en vie, une barrière rudimentaire au milieu, pour délimiter la frontière si ténue entre les deux mondes.

Le positif et le négatif d'une même photo, le futile et l'essentiel, le paradis et l'enfer, deux extrêmes qui se touchent presque et pourtant s'ignorent.

Je ne peux m'empêcher de me demander lequel de ces deux mondes est en trop, tellement leur mitoyenneté me choque. C'est celui des gens « heureux » au bord de la piscine qui paraît déplacé, comme si leur frivolité était une insulte à ceux qui souffrent profondément dans leur chair.

Bien sûr, je sais qu'aucun des deux mondes n'est à exclure, que les occupants en sont interchangeables, que ceux qui sont malades peuvent guérir, que ceux qui vont bien peuvent aller moins bien demain.

Mais il y a sous mes yeux une forme inacceptable d'arbitraire, pourquoi les uns et pas les autres ? Qui décide ? Nous ? Nos gènes ? Le hasard ?

Pourquoi tout le monde n'est pas au Forest Hill ?

J. – 8 de l'autogreffe

Retour à Necker. Soulagement infini de quitter Villejuif et de retrouver un lieu qui nous est familier, presque familial.

C'est la dernière ligne droite, celle pour laquelle tu as fait tout ce chemin si périlleux.

L'équipe médicale nous rassure sur le séjour en flux, mais étrangement, je ne suis pas inquiète. Après les sous-sols de la radiothérapie, apogée de la destruction, il me semble que maintenant la descente s'arrête enfin, que tu vas pouvoir remonter, revivre. Le pilonnage est fini, on va reconstruire sur les décombres, les vestiges de ce qui fut un corps d'enfant.

Je n'ai pas peur pour toi, dans tes veines va enfin couler la vie.

Je n'ai plus de peur à cet instant-là, je n'ai que de l'espoir.

L'entrée de Max en chambre stérile est impressionnante, on dirait la NASA envoyant un de ses astronautes en orbite.

Max est au degré zéro de ses défenses immunitaires, le moindre microbe peut le tuer, les mesures de précaution sont draconiennes. Pour rejoindre la bulle après avoir été entièrement lavé à la Bétadine, les couloirs ont été évacués afin qu'il ne croise personne. Il entre dans sa chambre dans les bras de l'infirmière-chef, nous le regardons à travers le hublot, émus, encore une fois, il accepte tout, merci mon petit amour.

Nous sommes autorisés à le rejoindre après avoir suivi scrupuleusement le processus de stérilisation. Nous pénétrons d'abord dans un premier sas, où, après un lavage rigoureux des mains jusqu'aux avant-bras, nous nous équipons d'une surblouse, d'un masque, de chaussons et d'un délicieux petit bonnet bleu, toujours extrêmement seyant.

Nous rentrons ensuite dans sa chambre, où nous devons mettre une immense blouse verte, sous laquelle doit disparaître le moindre bout de vêtement et de peau, puis second lavage des mains à l'aide d'un désinfectant puissant, pour terminer en enfilant des gants.

Ainsi équipés, on dirait deux grosses grenouilles croisées avec des Schtroumpfs, cela le fait rire, nous écartons les pans très épais de plastique qui le protègent, sorte de forteresse transparente autour de son lit. Il trône au centre, il nous passe en revue, vérifiant, tel un général, que nous avons bien respecté l'ordre de la protection.

Au-dessus de sa tête, le système de ventilation qui renouvelle l'air en permanence crée un constant courant d'air froid et beaucoup de bruit.

Notre hantise, c'est que quelque chose tombe sur le sol, surtout son précieux compagnon, le bien nommé Boubou, fidèle ours en tissu.

Malheureusement, nous ne pourrons éviter sa chute, il faudra le pousser vers la porte avec les pieds, il ne faut surtout rien ramasser, sonner l'infirmière à l'extérieur qui viendra le récupérer.

Le pauvre Boubou sera lavé à cent quatre-vingts dans une machine spéciale d'où il ressortira quelque peu flagada, voire, au troisième lavage, totalement aplati...

Tout ce qui rentre dans la chambre de Max doit passer par cette étape de stérilisation, ce qui signifie quarante-huit heures d'attente avant que les objets lui soient rendus, *via* un seau en plastique blanc, hermétiquement fermé.

Nous transformerons, grâce à son humour, cette attente en jeu, en suspense irrésistible, que peut-il bien avoir aujourd'hui dans le seau blanc ?

Dans la même humeur conciliante, il dit à ses cousines au téléphone :

— Elle est super ma chambre, on dirait un aquarium, on me voit par un hublot !

Béni sois-tu, mon petit cœur, de sublimer la réalité comme tu le fais.

Je parle de tout cela avec légèreté, pourtant il n'y en a aucune dans toutes ces mesures de précaution. La première cause de mortalité dans le service des greffes est due aux infections provoquées par un microbe.

Max est très exactement, à ce moment-là du protocole, entre la vie et la mort.

« Je m'empresse d'en rire de peur d'être obligé d'en pleurer », disait Beaumarchais.

Le rire, c'est la seule issue de secours à peu près digne et supportable que j'ai trouvée au fil de cette traversée au-dessus de l'abîme.

C'est toi, Max, mon petit garçon, qui me l'as sans cesse inspiré.

Le 19 septembre 2004

À trois jours de la greffe

Le médecin qui s'occupe de suivre la greffe de Max s'appelle Raphaël, c'est un interne.

Encore un, se dit-on, sauf que très vite, on est agréablement surpris par son écoute, sa capacité à se mettre au niveau des parents, sa patience pour expliquer plusieurs fois ce qui nous paraît trop ardu, et, surtout, on est rapidement étonnés par ses connaissances en immunologie.

En fait, Raphaël est déjà un médecin confirmé, en passe de devenir chef de clinique, il fait simplement un stage supplémentaire dans le service du professeur F. Cela nous l'ignorons, on nous l'a présenté comme un interne et, pourtant, l'on fera très vite la différence avec ses prédécesseurs.

Il va être notre interlocuteur privilégié, notre relais indispensable, celui qui va nous escorter jour après jour de sa présence chaleureuse et respectueuse.

Grâce à lui, à son sens inné de la relation aux autres, qui ne s'apprend visiblement pas sur les bancs de la Faculté, nous allons franchir ce dernier cap avec plus de facilité, j'oserais dire, de calme.

Il deviendra le « préféré médecin » de Max.

Il va transformer considérablement notre rapport à la médecine. Il nous expliquera chaque jour les derniers résultats, nous laissant le temps d'aller avec lui au bout de tous nos questionnements. En mettant la médecine à notre portée, en nous la rendant plus accessible, il nous donnera le sentiment de moins la subir.

Le 21 septembre 2004

Jour de la greffe, soit J. zéro en jargon médical

Avant d'être directement concernée, je pensais naïvement que comme toute greffe, la greffe de la moelle osseuse consistait en une opération chirurgicale. Or c'est exactement le même principe, dans le geste, qu'une transfusion sanguine, avec les conséquences vitales que l'on peut imaginer.

Raphaël nous montre la glacière dans laquelle arrive la précieuse poche de cellules souches, prélevées à l'Institut Curie un mois auparavant. Il l'installe sur ta perfusion, tu la regardes, étonné : « On dirait un steak ! »

C'est un moment intense pour tous, ce liquide qui s'écoule doucement en toi, goutte après goutte, représente la vie, ta vie à venir, je suis tellement émue que j'ai envie de me mettre à genoux.

Pas pour prier une quelconque divinité, non, pour remercier ce miracle permanent qu'est la médecine et ceux qui l'exercent.

Combien d'années d'essais, de recherches, d'échecs et de recommencements pour arriver à cette prouesse humaine que représente cette petite poche rouge qui contient ta survie, ton avenir possible ?

J'ai parfois honte des métiers du spectacle qui nous mettent en lumière pour un mérite bien dérisoire. Si tous les métiers ont leur nécessité, certains sont plus nécessaires que d'autres. Pourquoi n'existe-t-il pas un césar, un oscar pour les infirmières, les médecins, les professeur de médecine ?

C'est pourtant eux que l'on supplie de faire l'impossible pour nous guérir ou pour sauver ceux que l'on aime. Pas ceux qui sont en couverture des journaux.

Si le corps médical dans son ensemble n'a

aucune envie de se retrouver médiatisé, il aimerait néanmoins qu'on lui prête plus d'attention lorsqu'il réclame à cor et à cri plus d'infirmières, plus de moyens pour accueillir et traiter les enfants correctement.

Un médecin de Necker m'a confié avec amertume qu'il n'y avait pas assez de places à Paris, dans les hôpitaux, pour traiter les enfants atteints de tumeur au cerveau. Peut-on accepter cela, en 2005, dans la capitale française ?

Si les budgets pharaoniques dépensés pour cette même ville de Paris, lors de sa récente candidature aux Jeux olympiques, avaient été alloués à équiper d'appareils les diverses unités de pédiatrie spécialisées en cancérologie, n'eût-ce pas été plus responsable, voire une obligation morale ?

Bien sûr, me dira-t-on, je prêche pour ma paroisse, à ceci près qu'il faudrait être aveugle pour ne pas voir que cette paroisse s'agrandit de façon critique et que nul n'est à l'abri d'en faire partie un jour ou l'autre.

Max est blanc, presque gris, je réalise que pour permettre à cette greffe de pleinement fonctionner, il a fallu l'emmener tout près du précipice, le désemplir dangereusement pour mieux le « remplir ».

Cela me broie le cœur de le voir sur son lit comme un gisant, exsangue et pourtant si gai, s'accommodant de tout.

Heureusement, au bout de quelques jours, il commence à avoir une teinte un peu plus rosée, signe que ses globules blancs et rouges sont en train d'amorcer leur renaissance.

Sur le mur qui fait face à son lit, nous faisons une croix pour chaque jour qui passe. Sur le papier de son protocole de soins, à la suite des cases représentant l'autogreffe, j'ai dessiné un palmier entouré de vagues.

— Quand tu sortiras d'ici mon petit cœur, et que tu auras recouvré toutes tes forces, je t'emmènerai en voyage au soleil avec tes cousines, tu pourras faire le fou autant que tu voudras…

Cette perspective semble le réjouir au plus haut point, néanmoins il me demande :

— Tu garderas ta promesse, maman ?

— Oui, mon Maxou, je la garderai.

Les jours s'écoulent, heureusement ponctués de visites bienfaitrices qui accélèrent les heures, surtout celles qui précèdent la nuit, plus difficiles que les autres. Quel bonheur, lorsque, en fin de journée, épuisés par l'environnement un peu oppressant du flux, nous voyons surgir, à travers le hublot qui donne sur l'extérieur, la tête joyeuse et pleine d'énergie d'invités surprises ! Véro sa marraine de cœur, constamment présente à nos côtés, formidable d'amour et de tendresse pour Max, doublée d'un dynamisme à toute épreuve, capable de déplacer des montagnes pour lui faire plaisir.

Et puis ses deux cousines Marie et Sophie âgées de vingt-cinq ans qui passent le voir aussi souvent qu'elles le peuvent.

Je me souviens d'un fou rire mémorable avec Sophie lorsque nous avons tenté d'interpréter, pour la plus grande joie de Max, tout le répertoire de chansons de Claude François. Il dansait debout dans son lit, imitant en gloussant nos chorégraphies rocambolesques, nous riions tellement que, régulièrement, un visage interloqué apparaissait dans le hublot, comme pour vérifier que nous étions bien tous sains d'esprit.

Marie, que Max adore et surnomme « le lapin », m'avait dit lors de l'annonce de la rechute :

— Tu sais, je serai là, vous pouvez compter sur moi, pas que pour quinze jours, pour huit mois.

Elle aussi a « gardé » sa promesse.

Une semaine
après l'entrée dans le flux

Il est 9 heures du soir

La petite R. vient de s'éteindre sans bruit dans la chambre jouxtant la nôtre.

C'est l'heure de t'endormir, nous sommes en train de te lire *Le Petit Bonhomme de pain d'épice.*

Comment continuer ?

Nous sommes anéantis sur nos chaises.

Ne pas pleurer, pas devant toi, il faut couvrir les pleurs, les cris de douleur, il ne faut pas que cela t'atteigne, il ne faut surtout pas que tu le saches.

C'est toi qui te bats pour vivre, ne pas flancher, on n'a pas le droit, on se l'est promis ton père et moi, on n'a jamais failli, jamais.

Mais là, c'est insupportable, cette petite vie de quatre ans qui s'en va à trois mètres de nous et ne pas pouvoir céder à notre peine.

Pour toi, il faut continuer, Gilles te lit l'histoire, sa voix se brise, j'enchaîne, j'essaye d'être gaie, rien que pour toi mon amour, ne penser qu'à toi pour ne pas s'effondrer.

Nous restons très tard à tes côtés pour veiller sur ton sommeil dans cette nuit d'infinie tristesse.

Lorsque nous sortons, nous croisons les yeux rougis des aides-soignantes, des infirmières, ce sont celles qui fréquentent le plus les petits malades, qui s'y attachent, donnent sans compter, bien au-delà de ce que le mot travail implique.

Ce soir, je sais qu'elles ont mal, j'aimerais pour une fois les réconforter, mais je ne trouve aucun mot susceptible d'adoucir leur chagrin.

Merci, c'est ce que j'aurais pu leur dire, merci pour tout ce que vous êtes, pour tout ce que vous faites pour eux, pour nous. Merci du plus profond de mon cœur, là où se trouve l'amour inconditionnel que j'ai pour mon fils, l'irréductible amour d'une mère.

Merci à Thaïs, Stéphanie, Émilie, Barbara, Anne, Céline, Cécile, Delphine, Sandrine, Estelle, Marylène, Mélanie, Adeline, Sophie.

Le 5 octobre 2004

Sortie du flux

C'est le jour de ta sortie, trois semaines seulement après y être entré.

Pour nous, cela a pu sembler long, mais tu aurais pu y rester un mois de plus, même très longtemps s'il y avait eu une quelconque complication.

C'est la délivrance. Tu sors du flux comme tu y es entré, emmitouflé dans un drap, on ne voit que tes yeux, tu sembles dire : « Qu'est-ce qui se passe encore ? »

Dans les couloirs que nous traversons, tout le monde s'est immobilisé pour te regarder passer et t'applaudir.

On dirait le général de Gaulle défilant sur les Champs-Élysées en 1945.

Tu es un peu déconcerté, nous aussi d'ailleurs, et puis tu décides de sourire à tout le monde, je lis dans tes pensées : « Je ne comprends rien, mais ce qui est pris n'est plus à prendre… » Dans deux minutes, tu es capable de saluer !

C'est très émouvant, c'est la victoire après huit mois de combat, c'est la renaissance si espérée après tant de meurtrissures.

Ce n'est pas tant la greffe que l'on fête, car tes propres cellules ne pouvaient provoquer aucun rejet, mais ton imminent retour à une vie « normale », la fin des hostilités sur ton si petit corps.

C'est aussi la capitulation de l'ennemi, et l'on prie pour que ce soit sa dernière déclaration de guerre.

C'est l'armistice signé, la paix possible, bien que l'on sache que nos cœurs ne seront jamais définitivement tranquilles.

Tu es rendu à la vie.

Enfin.

J. 526, le 3 mars 2006

526 jours après la greffe

Contrairement à la première ligne que j'ai écrite il y a dix-huit mois, ce livre sera peut-être aussi un témoignage.

Mais ces mots sont avant tout pour toi, Max, mon merveilleux amour. Pour t'écrire tout ce que ton jeune âge m'a obligée à te taire. Pour te murmurer toute l'admiration que j'ai pour toi, la fierté que j'ai d'être ta maman.

Parce que, au-delà du pur scandale qu'est la souffrance d'un enfant, tu as réussi à nous faire traverser « l'inacceptable ».

C'est ta joie de vivre extraordinaire, ton acceptation immédiate de la maladie, sans soumission, mais sans amertume, jamais, qui nous ont portés jusqu'à aujourd'hui.

Tu m'as appris que si la douleur n'a pas de sens, si elle ne sauve de rien, l'amour, lui sauve de tout.

Parce que, même si je ne cesserai jamais de trembler pour toi, même si chaque fois que tu dis « je suis fatigué », j'ai deux antennes qui se dressent instantanément sur ma tête, « fatigué comment mon amour ? ».

Parce qu'il me faut apprendre à vivre avec cette peur vrillée au ventre, parce que, malgré tout cela, je ne sais rien de plus beau, de plus doux que ton rire, et la vie qui en jaillit.

Ce livre est ton livre, Max, et pour que tu puisses le lire un jour, il faut que tu vives, forcément.

C'est mon acte de foi en ton avenir.

Merci à Véronique Olmi pour son soutien indispensable.

Merci à Anne Rottenberg et Stéphane Jardin d'avoir été sensibles à mes mots.

Enfin merci à Guy Bedos d'avoir été le « passeur ».

Composé par Nord Compo
à Villeneuve-d'Ascq

Achevé d'imprimer par N.I.I.A.G.
en avril 2007
pour le compte de France Loisirs, Paris

N° d'éditeur : 48593
Dépôt légal : Février 2007

Imprimé en Italie